청춘을 드려
천국을 산다

청춘을 드려 천국을 산다

초판 1쇄 발행 │ 2023년 8월 1일

지은이 │ 진실로
펴낸이 │ 이미라
편 집 │ 이한민
디자인 │ Design IF
펴낸곳 │ 도서출판 사도행전
주 소 │ 서울시 강남구 자곡로 180
전 화 │ 010-6251-3842
이메일 │ actsbook29@gmail.com
홈페이지 │ www.actsbook.org
카카오톡 │ sonkorea
등록번호 │ 465-95-00163
공급처 │ (주)비전북 031-907-3927

책값은 뒷표지에 있습니다. 잘못된 책은 바꾸어 드립니다.
ISBN 979-11-978062-4-7 03230

세상 최고의 가치를
발견하며 사는 삶

청춘을 드려
천국을 산다

복음에 빚진
선교사 열전 3

진실로 지음

선교사로서 나의 소원은
'예수 그리스도를
꽃잎 한 장만큼이라도 알아가는 것'이었다.

내가 어떻게 하면 예수님을 더 알아갈 수 있을까?
그건 내가 예수님의 삶을 실제로 살아볼 때까지는
알 수 있는 것이 전혀 아니었다.

예수님처럼 철저히 무시당하고,
예수님처럼 완벽히 배제당할 때,
예수님의 옷자락 부근에나마 간신히,
가까스로 가닿을 수 있는 것이었다.

그래서 내가 선교사가 되기 위해 배운 선교는
그저 헌신이고, 희생이고, 고생이었다.
그건 현실이었다.

그러나 내가 선교사가 되어서 막상 살아보니,
선교란 한편으로, 세상 무엇을 주고도 살 수 없는,
세상 모든 것을 내게 다 준다 해도 바꿀 수 없는,
그야말로 엄청난 보화를 얻는 삶이다.

내가 선교사로서 몇 명의 영혼을 살렸는지는
자신할 수 없지만,
적어도 무한의 천국은 소유하게 되었기 때문이다.

선교사는 이토록 큰 가치와 자기 인생을 교환하는 사람이다.
그러므로 세상에서 가장 큰 이익을 보는 사람이다.

내가 이렇게 큰 이익을 보게 될 줄 미리 알고서
내 인생의 청춘부터 선교에 드렸던 건 솔직히 아니다.
예상은 어느 정도 했지만,
이렇게 좋을 줄은 미처 몰랐다.

선교는 가치 교환이다.
자기희생이 결코 아니다.
남아도 엄청나게 남는 장사다.
절대 손해 보지 않는다.

청춘을 드려
천국을 산다

새롭게 피어난 꽃잎 같은 나의 후배 청춘들이여,
기쁜 마음으로 초대한다.
이 길로 오라!

내가 청춘을 드려 천국을 소유했듯,
그대도 청춘을 드려
세상 최고의 가치를 차지하라!

_네팔 카트만두에서, 진실로

천국은 마치 밭에 감추인 보화와 같으니
사람이 이를 발견한 후 숨겨 두고 기뻐하며
돌아가서 자기의 소유를 다 팔아 그 밭을 사느니라
_마 13:44

**청춘을 드려
천국을 산다**

추천사

1999년이라고 기억된다. 매주 월요일마다 포항에 있는 한동대학교에 강의를 하러 다녔다. 그때는 주일마다 5번 설교를 하던 때라 월요일에 포항까지 가서 강의한다는 건 거의 불가능한 일이었는데, 학생들이 얼마나 열심히들 강의를 듣는지 몸에 무리가 가는 줄도 모르고 신나게 다녔었다. '크리스천 베이직'을 강의했고, 그 강의안을 가지고 책을 출판하기도 했었다.

그때 학생이었던 청년이 네팔의 선교사(진실로 선교사)가 되었다. 벌써 19년째 네팔에서 사역을 하고 있는데, 자신뿐만 아니라 부모님과 형제 부부와 함께 3대가 함께 살면서 선교를 하고 있다고 한다. 그 진실로 선교사가 지난 19년 동안의 선교 이야기를 책으로 출판하게 되었다.

책 제목부터 예사롭지 않다. 《청춘을 드려 천국을 산다》

네팔에서 선교사 생활이 뭐 그리 넉넉하고 좋기만 했었으랴? 힘든 일, 어려운 일, 고통스러웠던 일은 왜 없었으랴? 그런데 그 힘들고 어려운 일에 청춘을 다 드려놓곤 천국을 살고 있다고 고백하는 모습에 우선 감동을 받았다.

진실로 선교사의 글쓰기 솜씨가 좋아 보였다. 읽기가 쉬웠다. 그러나, 술술 읽히는 그의 글 속에 숨겨져 있는 아름답고 묵직하고 감동적인 삶이 책을 읽는 분들에게 신선한 충격을 주리라 기대하며 추천한다.

김동호 목사, 에스겔선교회

이민교 선교사님이 전 세계를 돌아다니며 보니, 한국 선교사님들 중에 알려지지는 않았지만 너무나 귀한 분들이 많다고 제게 말하였습니다. 그러면서 그 선교사님들을 한국교회와 성도들에게 소개하고 싶은 마음이 간절하다는 것입니다. 그래서 '복음에 빚진 선교사 열전'을 출판하기로 하였다는 말을 들었습니다.

처음에는 난감했습니다. 한국의 출판 환경, 특히 기독교 도서의 출판 환경의 어려움을 알기에 무모한 일이라는 생각이 들었기 때문입니다. 그러나 한국 선교사님을 소개하는 책이 한 권 한 권 출판되면서, 이 일이 하나님께서 하시는 일임을 깨달았습니다. 정말 너무나 귀한 삶과 사역 앞에 머리 숙여 존경의 마음으로 표하고, 끌어안고 눈물로 감사할 선교사님들이 이렇게 많다는 것에 감격하였습니다.

이번에 소개되는 한동대 초창기 출신의 선교사인 네팔 진실로 선교사님의 책을 읽으며 그런 마음이 더욱 들었습니다.

진 선교사님은 네팔에서 '언약학교'라는 기독교 학교의 이사장으로서 사역하고 계십니다.

"나는 밭에서 보물을 발견한 사람이 가진 재산을 다 팔아 그 밭을 산 것처럼(마 13:44), 청춘이라는 내 시간을 드려 네팔 선교라는 밭을 샀다."

선교사님의 이 고백에 나오는 마태복음 13장 44절은 제가 천국이 있다고 믿으면서 실제로 소망이 없음을 깨닫게 해준 말씀이었습니다. 이 말씀이 진정으로 믿어지고 제 고백이 되기까지 오랜 시간이 걸렸습니다. 그래서 진실로 선교사님의 이 고백이 제겐 너무나 특별한 감동이며 은혜가 되었습니다.

네팔에서 선교사 생활이 얼마나 힘들고 어려울지, 실제 경험하지 않아도 누구나 짐작할 수 있을 것입니다. 그런 네팔에서 "천국을 살고 있다"라고 고백하는 것이 너무나 놀랍지 않습니까?

하나님의 나라는 근본적으로 통치 개념입니다. 하나님께서 다스리는 모든 영역이 하나님의 나라인 것입니다. 즉, 예수님이 왕이신 나라가 하나님의 나라입니다. 그래서 여기 있다 저기 있다 할 수 없고, 예수님을 왕으로 모시고 사는 우리 안에 있는 것입니다.

"하나님이 부르시면 언제나 반응할 수 있는 사람이 필요했고, 그게 저였다는 생각이 듭니다."

진실로 선교사님의 이 고백처럼, 진 선교사님의 사역은 선교사님이 주님과 네팔 사람들을 위하여 일한 것이 아니라, 주님께서 선교사님을 통하여 네팔에서 친히 역사하신 것이었습니다. 선교사님은 오직 주님께 집중하고, 주님의 말씀에 귀 기울이고 주님께 순종하였을 뿐입니다. 이것은 모든 선교사, 아니 모든 성도들이 따라야 할 모본입니다. 진실로 선교사님은 네팔에서 하나님의 나라를 살면서 하나님의 나라의 증인이 되어 있습니다.

이 책을 읽는 사람들마다 진실로, 오시내 선교사처럼 자신의 삶을 드려 천국을 사는 눈이 열리게 될 것을 기대합니다.

유기성 목사, 위드지저스미니스트리 이사장

선교사는 떠나는 사람입니다. 내가 편안한 환경을 떠나 낯선 곳, 불편한 곳으로 가는 사람입니다. 사람을 부르시고 가르치신 후 보내시는 예수님의 교육 계획을 실행하는 사람입니다.

선교사에게는 보이지 않는 것을 보는 믿음이 있고, 비전을 보고 따라가는 용기가 있습니다. 그리고 그 용기에 사랑이 더해져 있습니다.

진실로 선교사님의 책 《청춘을 드려 천국을 산다》를 보았습니다. 다소 당돌하지만, 책 제목이 정말 마음에 듭니다. 한번밖에 없는 청춘을 바쳐서라도 천국을 살 수 있다면, 이건 남는 장사라고 하는 저자의 주장에 십분 공감합니다.

청춘을 주고 천국을 사서, 3대가 네팔에 살며 천국을 증거하고 있는 진실로 선교사님이 한동대 출신이라는 사실이 무척 자랑스럽습니다.

최도성 총장, 한동대학교

예수님의 공생애 사역을 한 단어로 표현한다면, '순종'일 것입니다. 예수님은 그분을 이 땅에 보내신 이의 뜻을 행하는 기쁨으로 평생을 사셨습니다. 선하신 하나님의 뜻에 순종하여 그분의 구속 사역에 동참하는 것은 예수님의 마음을 닮아가는 가장 좋은 길입니다. 그런 면에서, 네팔 언약학교(Covenant Academy)의 이사장으로 섬기시는 진실로 선교사님의 책은 예수님의 겸손한 마음을 배우는 데 귀한 도전과 교훈을 줍니다.

다윗을 세우는 요나단의 마음, 예수님의 길을 예비하는 세례 요한의 영성을 가진 진실로 선교사님은 진솔한 간증과 성찰을 통해 앞으로 한국교회의 선교 운동이 나아가야 할 방향과 태도를 겸손하게 제시하고 있습니다. 하나님 나라와 세계 선교를 위해서 기도하며 선교적인 부르심을 구체화하기 원하는 모든 분들에게 이 책을 추천합니다.

문대원 목사, 대구동신교회 담임, 국제로잔운동 이사

'진실로'와 '오시내' 내외의 이름을 부를 때마다, 이 내외가 추구하는 것이 진실함이며 예수님의 다시 오심이라고 생각합니다.

청춘을 드려 천국을 산다, 이 책에서 진실로 선교사는 한국인 동역자 사이의 사역에 대해, 현지인들과의 관계에 대해, 가족의 삶에 대해, 그리고 학교 운영에서는 교사와 학생에 대해 새롭게 경험한 것들을 진솔하게 나누고 있습니다.

진실로 선교사는 어떤 선교 이론을 따르기보다, 네팔 사람들이 주도하는 사역에서 스스로의 권위와 주장을 내려놓고 배경이 되어주는 노력을 하였습니다. 특별히 상대적으로 연약한 사람들에게 수준을 맞추는 사역을 인내로 감당하며, 그에 대한 선교적 원칙까지 스스로 정립한 내용이 매우 놀랍습니다.

진실로 선교사는 사역을 주도하는 것이 아니라 참여자처럼 사역해왔습니다. 하지만 하나님의 말씀을 전하는 노력에 집중함으로써, 현지 동역자들이 그들의 방식대로 하면서도 말씀의 인도를 따르게 하는 점은 모든 선교사가 따라야 할 모본이라고 생각됩니다.

이 책을 읽는 젊은이들이 도전받고, 진실로 오시내 내외가 청춘을 드려 천국을 산 것과 같이, 담대히 주님의 부르심에 응답하기를 기대합니다. 이 책을 읽는 모든 분들은 선교사와 사역에 대해 전형적인 모습이 아니라, 탁월함보다 겸손함으로 현지인들에게 맞추는 모습을 보게 될 것입니다.

김병선 선교사, GP선교회, 인도네시아

차례

PART

1

청춘을 드려서
얻게 된 가치

일찌감치 청춘을 드리다

한국에서 네팔에 오는 사람에게는 3시간 15분이 선물처럼 생긴
다. 시차(時差)다. 그런데 특이하다. 3시간 혹은 4시간 같은 시간
단위가 아니라 3시간 15분이라니. 네팔에 처음 온 여행자 중에
는 이 15분이 주는 느낌이 특별한 분이 있을 것 같다. 작은 여유
같은 게 '덤'처럼 생기는 기분이랄까.

　네팔에 온 다음 날 아침, 몸이 습관대로 잠에서 깨더라도 카트
만두(Kathmandu)는 여전히 숙면중일 것이다. 아침 식사는 네팔
시계에 맞춰서 해야 하므로, 한국 사람 같으면 꽤 늦은 아침이나
이른 점심 같을 것이다. 그래서 첫날은 대개 배가 고플 것이다.
점심이 저녁 같고, 저녁 식사는 한밤중의 야식 같을 것이다. 이
러니 한국인 여행자라면 여행 첫날에 경험하는 네팔의 하루가
제법 길다고 느낄 것이다. 그러니 15분이 더해지는 네팔의 독특
한 시차는 인심 좋은 곡물가게 주인이 얹어주는 덤 같을 거란 말
이다.

　반대로, 매시간 정각에 맞춰 일정을 잡던 분이라면 15분씩 늦

히말라야 앞에서
2011년 GP선교회의 네팔 모임 중에 포카라 사랑곳에서 찍은 가족 사진.

어진다는 조바심이 들 수도 있다. 이런 분은 뭔가 손해 본다는 기분이겠다.

3시간이라는 시간에 15분이 덤처럼 더해진 기분은 어릴 적에 선물로 받은 로봇 장난감에 작은 모형이 따라올 때와 비슷하다. 로봇 덩치는 팔뚝만큼인데, 손가락 크기의 로봇 모형이 포함된 경우 말이다. 나는 할 수만 있다면, 이런 기쁨을 오래 간직하고 싶다. 네팔에서 선교사로 살아온 삶이 힘든 적은 종종 있었지만, 푸짐한 선물을 받은 아이처럼 행복하다.

어쨌든, 네팔에 막상 와서 며칠 지내다 보면 15분 시차는 별 상관이 없어진다. 누구나 여행을 마치고 인천공항에 돌아가면,

거저 생긴 듯한 시간이든 뺏긴 듯한 시간이든, 순식간에 원점이 되는 것이니 마찬가지다. 결국 여유를 먼저 느끼느냐, 나중에 느끼느냐의 성격 차이다.

이런 걸 보면 시차는 나라마다 있어도, 시간은 인생이라는 지구별 여행자에게 공평하다. 다만 나는 네팔에서 살고 있으므로, '불공평'하게 3시간 15분을 늘 더 가지고서 살고 있을 뿐이다.

나는 네팔에서 선교사로 살아오면서, 여기서 누린 선물이 3시간 15분의 시차 정도가 아니라는 생각을 종종 한다. 내가 누린 선물은 여기에서 살아온 시간 전체이다.

나는 밭에서 보물을 발견한 사람이 가진 재산을 다 팔아 그 밭을 산 것처럼(마 13:44), 청춘이라는 내 시간을 드려 네팔 선교라는 밭을 샀다. 나는 그것이 '가치 교환'을 한 일이라고 이제는 감히 말하고 싶다. '선교사로서의 헌신' 같은 거창한 말은 내게 어울리지 않는 옷처럼 어색하다.

마침 잘 왔어

나는 2023년 현재, 재미 한국인 여선교사였던 윤하영 목사가 2002년 4월, 네팔의 수도 카트만두에 세운 '언약학교'의 이사장으로서 18년째 사역하고 있다. 언약학교에는 현재 유치원부터 중학교 10학년(한국의 고등학교 1학년)까지의 과정이 있다. 2022

년 기준으로 약 300명의 학생이 다니고 있다.

네팔의 학제는 한국과 조금 다른데, 네팔에서 Pre-primary School은 유치원에 해당하며, Primary School로 불리는 초등학교는 한국의 5학년까지에 해당한다. 중학교에 해당하는 Secondary School은 한국의 초등 6학년부터 고등학교 1학년 (10학년)까지로 범위가 넓다.

네팔에서 High School은 11-12학년에 해당되는데, 언약학교에는 이 고등학교 과정만 없다. 나는 이 학교에서 이사장으로서 현지인 선생님들을 측면에서 지원하며, 지금은 직접 컴퓨터 등을 가르치는 교사이기도 하다. 내가 맡고 있는 역할 중에 '이사장'은 네팔에 오기 전에 예정된 일이 아니었다.

2005년, 우리 부부가 네팔에 올 때 나이는 27살이었다. 1978년생인 나는 2004년에 한동대학교를 졸업했고, 그해 8월에 결

언약학교
중학교에 해당하는 Secondary School 교사. 한국의 초등 6학년에서 고교생 1학년 나이 사이의 학생들이 다니는 곳이다.

혼했다. 신혼여행을 다녀온 다음 바로 선교 훈련을 받고 파송된, 초보 중의 초보 선교사였다. 동갑인 아내는 CCC 대학생 간사 출신이지만, 해외선교사로서 경험 없기는 다를 게 없었다.

우리 부부는 초보로서 엉뚱하기가 초록이 동색이었다. 나는 한동대학교 97학번으로, 이 대학의 세 번째 입학생이다. 생명식품공학을 전공했고, 취직 같은 걸 할 생각은 처음부터 없었다.

초등학교 4학년 여름수련회에서 예수 믿을 때 서원했던 다짐이 선교사가 되는 것이었으므로, 대학을 졸업했으니 선교사가 될 수 있는 '최소 자격'을 드디어 갖춘 것이라고 생각했다. 그래서 2004년 6월에 GP선교회 사무실을 방문하였다. 내가 선교사가 되고 싶다고 친구에게 말하니, 자기가 존경하는 선교사님들이 속한 단체라며 적극적으로 추천했기 때문이다. 마침 사는 동네에서 선교회 사무실이 멀지 않아서, '선교사 되는 법' 정도를 알아볼 생각으로 찾아갔던 것이다.

하지만 혼자 가기는 뻘쭘했던 것 같다. 혹은, 그때 연애중이던 아내가 나만 보내기 불안해서 그랬을 것이다. 누구의 생각이었는지는 분명하지 않지만, 좌우간 26살 동갑 남녀가 선교회 사무실을 같이 간 건 사실이었다. 그러니, 그날 사무실에 계시던 선교사님이 대뜸 이런 말부터 꺼내신 것이 무리는 아니었다.

"둘이 같이 선교사 하겠단 거지?"

"…예."

"그럼 결혼할 거네?"

"네? 아, 네…."

우리는 빛소금교회(구 한영교회)에서 청년부 리더로서 사역하다 만난 사이였다. 교제한 지 2-3년에 불과했을 때였다. 요즘 말로 하면 '썸' 타는 시기 정도만 겨우 지났을 뿐이었다. 당연히 청혼도 하기 전이었다. 그래도 차마 '결혼할 사이가 아직 아니'라고 말할 순 없었다. 어차피 자매에게 말하려던 참이긴 했지만, 아직 부모님께 의논드리기 전이었다. 그러니 우리에게서 결혼 결정(!)을 즉석에서 끌어낸 분은 당시 GP선교회 훈련원 부원장으로 본부 훈련을 담당하고 계셨던 김병선 목사님이었다. 그 분이 훗날 내수동교회를 담임하시고, 인도네시아에서 오래 사역하셨던 김병선 선교사님이다. 우리가 그날 만난 분이 선교사로서는 그야말로 대선배님이시란 걸 그땐 몰랐다. 그 분이 우리가 그 선교회를 방문했을 때 하필 자리에 계셨다.

김병선 선교사님은 탁상달력을 들어 올리시더니, 몇 장을 넘기셨다.

"그럼 마침 잘 왔어. 두 달 뒤, 말레이시아에서 우리 선교회에 지원한 선교사들을 훈련하는 캠프가 열리거든. 거기에 강의하러 온 선배 선교사들에 의해 각자 가고 싶은 나라로 뽑혀가거나 사역 방향을 정하게 되지. 그러니까 훈련 시작하기 한 2주 전에 결혼하고, 일주일 신혼여행 다녀오고, 그리고 훈련 들어오면 되겠네. 오케이?"

거침없는 제안이었다. 쉽게 거절하지 못하는 내 성격이 그날도 작동했다. 우리는 "네, 알겠습니다" 하는 대답만 하고 선교회 사무실을 나왔다.

지금은 못 갈 것 같은데…

문정역 지하철역까지 걸어가는 길이 그날따라 후끈거렸다. 나는 아무 말 하지 않고 걷기만 했다. 자매가 답답했는지, 지하철에 들어가기 전에 먼저 말을 꺼냈다.

"나 간사 서원한 거 아직 안 끝났어. 지금은 (선교사로) 못 가. 아니, (결혼) 못 해!"

"알아, 나도 당황스러워. 일단 우리 부모님께 먼저 말씀드려볼게. 그런 다음 저녁에 전화할게."

나는 선교사가 되기로 일찌감치 결심이 선 사람이었다. 하지만 그때 아내 '오시내'는 대학을 졸업한 후에, 3년은 의무적으로 해야 하는 간사 사역을 절반 정도만 감당했던 상황이었다. 학원 간사도 선교사이긴 마찬가지이지만, 결혼해서 해외로 나가는 건 별개의 문제였다.

그날 저녁, 나는 부모님께 선교회에 다녀온 이야기, 선교회에서 마침 몇 달 뒤에 선교사 훈련을 시작한다는 이야기, 그리고 거기 가려면 결혼부터 해야 한다는 이야기를 한꺼번에 쏟아냈다. 그러고 나니 부모님 눈치가 보였다. 어릴 적에 물을 엎질러서 눈치를 본 건 정말 아무 일도 아니었다. 이게 가당키나 한 일일까?

내 부모님은 원래 예수님을 믿는 분들이 아니셨다. 아버지 진경용(1948년생) 님은 가부장 성격이 강한 진씨 가문에서도 대표성이 있는 분이셨고, 생활력과 교육열이 강한 어머니 김인숙(1951년생) 여사는 나와 내 동생 태준, 아들 둘을 강하고 공부 잘하도록 키우는 데 인생을 바치셨다. 이런 집에서 내가 먼저 교회를 다니기 시작했고, 어머니의 친구 중에 전도사가 되신 분이 어머니를 전도하여, 우리집은 다 예수를 믿게 되었다. 하지만 초신자 가정이나 다름없을 때였다. 대학만 나온 아들이 선교사 되겠다고, 결혼부터 하고 해외로 선교사 훈련받으러 나가겠다는 말이 먹힐 거라 기대하진 못했는데, 우려는 기우에 불과했다.

"그래? 그럼 결혼식을 언제 해야 하니? 서둘러야겠네. 훈련 시작하기 전에 하려면."

나는 당장, 그때 선교회에 같이 갔던 자매, 지금의 아내에게 전화했다.

"우리 결혼하자. 우리 부모님은 그러라 하시네."

전화로 한 뜬금없는 나의 청혼은 같이 선교사가 되자는 말이기도 했다. 그 뜻을 아는 자매는 잠시 말이 없었다.

"알았어. 나도 말씀드려볼게. 일단 끊어봐."

다음은 아내의 기억이다.

"엄마, 아빠, 진이가 나랑 결혼하고 같이 선교사 훈련받으러 가자는데…, 나 어떻게 해?"

"그래? 너희를 선교회에서 받아준대? 잘됐네. 어차피 너희 결혼할 거 아니었어? 하나님 뜻인가 보다. 서두르자, 결혼."

우리도 엉뚱했지만, 양가 모두, 이런 부모님들이 세상 어디 또 계실까 싶다. 그 덕에 우리는 그해 8월 14일, 하필 정전이 돼버려 에어컨 안 나오는 예배당에서 땀 흘리며 결혼예배를 올렸다. 그리고 10월부터 말레이시아에서 열리는 선교사 훈련에 참여하였다.

아내는 비록 간사로서 의무 헌신 기간은 다 채우지 못했지만, 선교사로 가기 위해 결혼하는 것이라서 특별히 사직이 허락되었다. 이런 걸 일사천리라 부른다면, 그랬던 것 같다.

02

스패어타이어 선교사

우리가 갈 선교지는 일사천리로 정해지지 못했다. 우리는 선교 훈련 기간이 끝날 때까지, 우리가 갈 나라를 정하지 못했다. 애초에 우리부터 가고 싶은 나라를 정하지 않았던 탓이기도 했을 것이다.

우리 부부가 선교사로 부름받고 GP(Global Partners)선교회에서 훈련받으며 정한 원칙은 "우리는 하나님의 스패어타이어(spare tire)다"라는 것이었다. 달리던 타이어가 펑크 나면 준비된 타이어로 교체하듯이, "어디든지 우리가 필요하다면 가서, 무엇이든 하나님의 일을 하겠다"라는 '순진한' 마음이었다. 처음부터 메인(main) 선교사로 쓰임받지 않아도 좋고, 언제든지 대기 상태로만 있어도 좋다고 생각했다.

그런데, 다른 훈련생들이 하나둘씩 '채용'되고 선교지가 결정되는 동안, 우리 부부만 훈련이 끝날 무렵까지 '미정'이었다. '스패어'가 된다는 건 생각처럼 만만한 일이 아니었다.

말레이시아 선교 훈련 과정은 단순한 선교사 수업과 훈련만

이 아니었다. 선임 선교사가 오셔서 강의도 하지만, 인터뷰를 통해 훈련생 중에서 후임이나 보조 선교사를 뽑아가는 채용 과정이기도 했다. 그래서 어디든 우리를 불러주는 선배 선교사님이 계시면, 그 분이 계신 곳이 우리의 사역지가 될 거라 믿고 있었다. 그런데 우리 말이 씨가 된 걸까? '스페어타이어'를 선택하는 분은 없었다. 4개월의 훈련 기간 중 마지막 주가 되어가는데, 아무것도 정해진 게 없었다.

나는 생명식품공학 전공 외에는 직장 경험이 없었고, 아내도 경영학 전공자이지만 간사 생활만 했기에, 해외선교 경험은커녕 일반적인 사회 경험이 없기는 마찬가지였다. 선배 선교사들이 우리에게 질문한 다음 "음, 훌륭하네" 하시고 말 뿐이었다. 우리는 속으로 걱정이 됐지만, 겉으로는 소꿉장난하듯 이런 말을 주고받았다.

"갈 데 없으면 캄보디아 어디 병원에 봉사하러 가면 되지 뭐. 거기 사람 많이 필요하겠던데."

"우리가 의사도 간호사도 아닌데, 그런 데 가서 뭘 해?"

"할 일 없으면 둘이 청소라도 하지 뭐."

그럴 때였다. 네팔에서 오셨다는 할머니 선교사 한 분이 학교 사역을 소개한 다음, 네팔에 관심있는 훈련생이 있느냐고 물으셨다. 윤하영 선교사님이셨다.

훈련생 대부분이 갈 곳이 정해진 때라, 우리 부부 말고는 딱히 손을 드는 훈련생이 없었다. 하지만, 윤 선교사님도 딱히 우리가 마음에 든다는 눈치 같진 않았다.

윤 선교사님은 인도네시아에 가려는 어느 목사님 가정을 염두에 두신 것 같았다. 목사님은 학교 사역을 하도록 하고, 사모님은 유치원 교사 출신이라 언약학교의 유치부를 돕게 하면 딱이었을 것이다. 하지만 그들은 인도네시아에 가기로 결정한 상태였다. 선교사님은 실망하신 것 같았고, 늦게 온 자신을 탓하시는 눈치도 보였다.

어쩔 수 없다는 듯, 박종승 훈련원 총무님의 추천도 있고 해서 우리를 인터뷰하셨다. 아내가 책을 좋아한다고 말하자 "도서관을 맡으면 되겠네" 하신 게 우리가 들은 가장 긍정적인 반응이었던 것 같다. "훈련 마치는 대로 네팔에 구경하러 한번 와봐"라고 하셨다. 현장 탐방을 오라는 뜻이었다. 정확한 리크루팅 결정도 아니었다. 말 그대로 그냥 한번 와보라는 말씀이었다.

그래서 우리는 훈련이 끝난 2주 후에 네팔에 갔다. 2005년 2월이었다. 그때 네팔은 왕정에 반대하는 내전이 한창일 때라 혼란스럽고 위험했다. 네팔 왕이 의원들을 집에 가두고 계엄령을 선포하기도 하던 무렵이었다.

우리가 네팔에 가려고 비행기를 타려던 날, 윤 선교사님이 전화를 하셨다. 그날 네팔행 비행기가 못 뜰 수 있다는 소식이었다. 그만큼 상황이 위험했다. "우리가 어떻게 하면 되겠습니까?"

하고 물었더니, 대사관에 알아보겠다고 하셨다. 며칠 후, 와도 된다는 연락을 받고 드디어 비행기를 탔는데, 예정보다 8시간을 연착한 비행이었다. 카트만두공항에 도착하니 새벽 1시가 지나고 있었다.

보내라! 나머지는 내가 책임진다

어둠이 내린 카트만두의 풍경은 우리가 상상하지 못한 것이었다. 네팔의 전화와 인터넷은 끊긴 상황이었다. 윤 선교사님과 연락할 길이 없었다. 막막하였다. 이러다 네팔에서 난민이 될 것 같았다. 마침 우리가 타고 왔던 카타르 항공의 승무원 중 한 분이 한국인이었다. 그를 붙잡고 사정했다.

"혹시 어디서 주무세요? 오늘 밤만 어떻게 신세 좀 질 수 없을까요?"

그때 우리 수중에는 100불뿐이었다. 그걸로는 그 승무원이 가는 고급 호텔에 투숙할 수 없었다. 그러니 구걸을 해서라도, 승무원이 자는 방에서 하룻밤이라도 신세를 져야 할 것 같았다. 우리 사정이 딱해 보였는지 승무원이 따라오라 해서 함께 공항을 나왔는데, 윤 선교사님이 네팔 여성들이 쓰는 숄을 쓰고 서 계셨다. 시계는 어느덧 새벽 3시를 가리키고 있었다.

알고 보니 선교사님은 우리와 연락은 안 되고, 비행기는 계속

연착되어 세 번이나 집과 공항을 왔다 갔다 하며 우리를 기다리신 것이었다.

차를 타고 선교사님이 사시는 곳으로 가는데, 길에는 총을 든 군인들이 서 있었다. 가는 길에 다섯 번 정도나 검문을 받아야 했던 것 같다.

그때는 이른바 '마오주의'를 표방한 네팔의 공산주의자들에 의해 1996년에 시작된 '인민전쟁'이 길게 이어지면서, 나라는 혼돈의 끝을 달려가고 있을 무렵이었다. 더구나 2005년 2월에 왕이 '비상사태'를 선포하며 권력을 장악한 다음이어서, 우리는 긴장감이 최고조에 이르고 있을 때 네팔에 들어갔던 것이다.

우리는 대략 일주일 동안 선교사님과 지내면서 네팔과 학교를 소개받았다.

우리는 네팔에 살고 싶어졌다. 윤 선교사님은 우리와 많은 대화를 나누셨다. 그리고 떠나야 하는 날, 우리에게 네팔로 오라고 말하셨다. 우리를 보조교사처럼 부르기로 하신 것이다.

우리는 일단 말레이시아로 돌아갔다가, 매우 즐거운 마음으로 한국에 가서 파송받은 다음 네팔로 오기로 했다. 선교사님도 우리가 한국에 있는 시기에 건강검진을 받을 일이 있다며 서울에 들르셨다.

이랜드그룹이 후원하는 '아시안미션'이 선교사들에게 건강검진을 해주는 병원에서 아내와 선교사님이 만났다. 선교사님은 한국 교포일 뿐 사실상 미국인이었다. 한국어에 능통하지 않았기에, 아내가 통역을 도와드릴 겸 병원에 같이 갔던 것이다. 나는 그곳엔 동행하지 않았다.

검사를 하는 동안 아내는 기다리고 있었고, 끝날 무렵 의사가 선교사님을 급히 부르는 소리가 들렸다. 선교사님이 혼자 들어 갔다 나오셨는데, 표정에 변화가 없었다. 그래서 아내는 '별일 없는가 보다' 하고 생각했다. 그런 다음, 그 병원이 있는 건물이 쇼핑센터이기도 해서, 선교사님은 옷을 사고 아내에게도 사주셨다. 콩나물 해장국도 사주셨는데, 그건 아내가 윤 선교사님에게 얻어먹은 마지막 한국 음식이었다. 아내는 사주신 옷보다, 해장국의 기억이 더 따뜻하게 난다고 종종 말한다.

2005년 당시, 선교회는 선교사 가정마다 후원금이 월 150만 원이 넘지 않으면 파송하지 않았다. 최소 생계와 기본 사역을 위한 지침이었다. 하지만 그때까지 우리에게 작정된 후원금은 월 80만 원을 넘기지 못하고 있었다. 젊은 청년 부부이고, 목사도 아닌 평신도 선교사였기 때문이었을 것이다. 그런 상태에서는 네팔에 들어갈 수 없었다. 난감해졌다. 그러자 윤 선교사님이 선교회와 담판을 지으셨다. 비록 후원금이 모자르더라도, 나머지는 당신이 책임지겠다고, 우리를 그냥 보내라고 하셨다.

어떤 면에서는 우리 부부가 선교 후보생 중에 계획이 없고 결정된 것이 없었기 때문에 네팔로 가게 된 것 같다. 그래서 우리가 좋아하는 말씀 중에 "맡은 자에게 구할 것은 충성이지 능력이 아니다"(고전 4:2)라는 것이 있다. 능력도 안 되고 배운 것도 아무것이 없지만, 하나님이 보내셨으므로 나머지는 하나님이 채워주실 거라는 약속에 대한 믿음이 있던 건 이 구절 때문이었다. 우리에게 부족한 나머지는 말씀 그대로 하나님이 채우셨다.

누구든 부족한 것은 충성스러운 마음만 가지고 있다면 하나님이 채워주신다. 그것에 대해선 내가 산 증인이라고 자신있게 말할 수 있다. 이것은 내가 중요하게 생각하는 선교사로서 삶의 철학이 되기도 했다.

나는 이제 후배 청년들에게 이렇게 말해줄 수 있다.

"많은 사람들이 인생의 방향을 스스로 결정한다. 자기가 무엇을 하고 어떻게 살겠다는 비전 캐스팅을 셀프로 하는 것이다. 그래서 하나님이 필요하다고 말씀하셔도, 자기 인생의 계획이 설정된 사람은 그 계획을 바꾸지 않는다. 그러면 아무리 능력이 많아도 하나님이 쓰실 수 없다."

우리가 인생 계획을 정하지 않았을 때, 하나님이 불러주신 것이 마치 스패어타이어처럼 쓰임받은 일 같다. 사람의 능력을 보고, 누구는 이런 능력이 있으니까 여기에 쓰고, 누구는 저런 능력이 있으니까 저기에 쓰고 하는 개념이 아니었다. 우리는 그렇게 해서 네팔 사역을 시작하게 되었다.

너희는 마음에 근심하지 말라

우리 부부는 2005년 6월 26일, 드디어 파송을 받았다. 3개월간 말레이시아 훈련원에서 연수를 받은 다음, 그해 10월 11일에 네팔에 정식으로 들어갔다. 그런데 윤 선교사님은 정리할 일이 있어서 몇 달간 미국에 다녀올 계획이라고 우리에게 이르셨다. "오래 걸리지 않을 것"이라며, 염려 말라고 하셨다.

우리는 네팔에 가자마자 달랑 우리만 있게 되었는데, 서둘러 집을 구할 필요가 없었다. 우선 윤 선교사님이 쓰던 방에 짐을 풀면 되었다. 네팔엔 한 번 가보았기 때문에, 우리는 선교사님 방 어디에 무엇이 있는지 대충은 알고 있었다. 가구와 냉장고 같은 건 선교사님이 쓰시던 걸 당분간 쓰면 되었다.

그때 우리는 500달러를 들고 갔는데, 침대만 당신 걸 쓰지 않기를 바라서서 따로 구했다. 선교 보고를 하려면 사진도 찍어야 할 것 같아서, 300달러 정도를 디지털카메라 사는 데 썼다. 남은 돈은 약간의 먹거리와 생필품을 사느라 다 썼다.

학교가 어떻게 돌아가는지도 대충은 알고 있었다. 교장선생님과 교사들도 안면을 튼 상태여서 큰 어려움을 없을 것이고, 이사장님도 곧 오실 것이니 몇 달만 기다리면 될 줄 알았다. 게다가 어차피 처음 2년은 사역을 할 필요도 없었다. 선교회의 정책상, 2년간은 언어부터 제대로 습득해야 하기 때문이다. 학교 행정은 현지인 교장선생님이 주도하고 있었다. 내가 끼어들 필요도 여지도 당연히 없었다. 나는 과학 교사로 네팔의 언약학교에 가기로 한 것이었다.

우리는 언약학교에서 교사들과 매일 예배를 드리며, 주중에는 학원에 다니면서 언어 공부를 했다. 틈틈이 선교사님이 설립해둔 작은 인터넷 회사를 관리했고, 주일에는 선교사님이 개척하신 교회에서 주일예배를 드렸다. 몇 달을 정신없이 보냈다.

우리는 이윽고 알게 되었다. 윤 선교사님이 미국에 가신 게 단순한 볼일 때문이 아니었다는 것을…. 항암치료를 위한 것이었다. 사랑의클리닉 의사가 심각한 표정으로 이름을 부른 이유는 암이 의심됐기 때문이었다. 진단 결과는 위암이었다.

돌이켜보면, 윤 선교사님은 자신이 천국으로 돌아갈 것을 예견하고 계셨던 것 같다. 본인도 간호사 출신이기에 아마 아셨을 것이라 여겨진다. 기침을 달고 사셨기 때문이다. 하지만 처음엔 카트만두의 공기가 워낙 좋지 않기 때문에 폐가 안 좋아져 기침이 나오는 줄 알고, 기침약이나 기관지에 좋은 약 같은 걸 많이 구비해 두고 계셨다. 위암 말기가 되면 기침이 심해진다는 것까지는 알지 못하신 것 같다. 그런 가운데 말레이시아에 오셔서 같이 일할 사람을 찾으신 건데, 우리가 가게 된 것이다.

우리는 당황스러웠지만, '이사장 선교사님이 늦어도 몇달 뒤엔 다 나아서 오시겠지'라고 생각하며, 매일 선교사님을 위해 기도했다. 선교사님도 염려하지 말라고 하셨고, 무엇보다 성경에 기록된 예수님 말씀이 "너희는 마음에 근심하지 말라"고 하셨기 때문이다.

그랬는데, 3개월이 채 지나지 않은 2006년 1월 9일, 윤하영 선교사님의 소천 소식이 들려왔다. 시차로 보면 8일에 돌아가신 거였다. 암의 진전 단계는 이미 4기였다. 손을 쓸 수 없었던 것 같다.

내게는 감정을 추스를 시간조차 없었다. 선교사님이 계시지 않는 동안 하고 있던 교직원 예배 설교를 소천 소식을 들은 날에도 준비해야 했다.

예배의 설교는 내가 가자마자, 윤 선교사님이 매일 하시던 일을 대신 한 것이었다. 그건 선교사님이 돌아오시기까지만 할 일이었다. 그런데, 그날은 설교를 준비할 엄두가 나지 않았다. 교직원들은 '멘붕' 상태였는데, 나는 더 그랬다. 이런 상황에서 내가 무슨 설교를 할 수 있는가? 잠이 오지 않았다.

그때 네팔은 '준혁명기'에 접어들고 있었다. 2006년, 네팔의 왕정은 결국 몰락했다. 민주화가 된 것이다. 급속도로 달라져 가는 네팔이라는 나라에서, 내 상황의 변화 속도는 더욱 빨랐다.

03

요나단이 되는 선택

나는 교사들을 상대로 설교를 준비할 때, 초기에는 우선 영어로 설교문을 썼다. 그런 다음, 서툴렀지만 네팔어로 번역했다. 그런데 목사님이 돌아가셨다는 소식을 들은 다음 날의 설교를 준비할 때는 '무슨 말로 이들을 위로할 수 있을까?' 하는 고민이 컸다. 나부터 경황이 없었기에, '나는 하나님의 말씀에서 어떤 위로를 얻을 수 있을까?' 하는 고민이 사실 더 심각했다.

슬픔과 절망이 학교의 공기를 가득 채우고 있었다. '우리에게 왜 이런 일이 일어나는지'를 나는 이해할 수 없어서 설명할 수 없었다. 하나님의 뜻은 어디에 있는가? 그 무거운 분위기 속에서, 그분의 뜻을 해석해내야 할 과제가 28살 청년에게 주어진 것이었다.

다행히 내가 어려서부터 교회와 학교에서 배운 것이 유효했다. 답이 없을 때는, 그냥 말씀을 붙들고 하나님께 매달리면 하나님이 답을 주실 거라는 아주 단순한 방법이었다.

윤 선교사님의 소천 소식을 듣고서 잠 못 이루던 그날 밤, 나는 다음 날 직원예배에서 무슨 설교를 할지 하나님께 여쭈었다. 내 생각에 들어온 말씀은 사도행전 2장의 '베드로의 설교'였다. 예수님이 부활하시고 승천하신 다음, 베드로가 마가의 다락방에서 성령을 받은 다음에 한 것이다.

[14]베드로가 열한 사도와 함께 서서 소리를 높여 이르되 유대인들과 예루살렘에 사는 모든 사람들아 이 일을 너희로 알게 할 것이니 내 말에 귀를 기울이라 [15]때가 제 삼 시니 너희 생각과 같이 이 사람들이 취한 것이 아니라 [16]이는 곧 선지자 요엘을 통하여 말씀하신 것이니 일렀으되 [17]하나님이 말씀하시기를 말세에 내가 내 영을 모든 육체에 부어 주리니 너희의 자녀들은 예언할 것이요 너희의 젊은이들은 환상을 보고 너희의 늙은이들은 꿈을 꾸리라 [18]그 때에 내가 내 영을 내 남종과 여종들에게 부어 주리니 그들이 예언할 것이요 [19]또 내가 위로 하늘에서는 기사를 아래로 땅에서는 징조를 베풀리니 곧 피와 불과 연기로다 [20]주의 크고 영화로운 날이 이르기 전에 해가 변하여 어두워지고 달이 변하여 피가 되리라 [21]누구든지 주의 이름을 부르는 자는 구원을 받으리라 하였느니라 _행 2:14-21

베드로가 성경 요엘서에 계시된 말씀을 인용하여 성령이 임한 사건을 해석한 것이다. 나는 교사들과 함께 이 말씀을 읽은 다음, 이렇게 설교했다.

"그리스도인의 죽음은 끝이 아니라 시작입니다. 우리는 윤 선

윤하영 선교사님
언약학교 설립자인 고 윤
하영 목사님이 학생들과
환하게 웃으시던 모습.

교사님이 갑자기 돌아가셔서 슬픔과 두려움 가운데 있지만, 우
리에게 모든 것이 끝난 것이 아닙니다. 예수님이 떠나서 힘들어
하던 제자들에게 성령이 임하여 그들이 일어선 것처럼, 이제 우
리가 성령님을 통해 일어서고, 하나님께서 우리에게 새롭게 일
하기 시작하실 것입니다.”

비록 윤 목사님은 돌아가셨지만, 이제 우리를 통해 이 학교 사
역이 계속될 것이라고 그들을 위로했다. 모든 종교는 죽음이 끝
이라고 말하지만, 그리스도인의 죽음은 끝이 아닌 새로운 시작
이 될 수 있다고 해석해준 셈이었다.

이날의 말씀은 그들을 위로하는 한편, 나를 위로하는 성령님
의 임재였다. 말씀을 통해, 이 학교에 성령님이 계신다는 사실을
경험한 것이기도 하였다. 이사장으로서의 내 사역도 성령님에
힘입어, 사실상 그날부터 시작되었다.

명색이 이사장인데

윤하영 선교사님은 자신에게 생긴 병이 돌이킬 수 없는 것이라는 사실을 인정한 다음, 정작 우리 부부에게는 함구하셨다. 그러면서 선교단체 리더십과 학교를 후원하는 관계자들과 나름의 협의를 하셨던 것 같다. 당신의 죽음 이후를 구체적으로 준비하신 것이다. 그 결론은 놀랍게도 28세의 청년 선교사 진실로에게 이사장 직을 이양하는 것이며, 이 학교를 위해 기부된 자산 전액의 소유 및 관리 권리까지 법적으로 내게 넘기는 작업을 하신 것이었다. 그 소식을 들었을 때, 나는 이번에도 아무 생각이 나지 않았다.

윤 선교사님이 도대체 왜 그러셨을까? 선교사 훈련 때 내가 손을 들어도 시큰둥한 눈치셨는데, 나는 네팔에 가도 고작해야 심부름 정도나 하게 될 줄 알았는데, 아무리 당신에게 병이 생겨 바로 천국에 가시게 되었다 한들, 어떻게 그런 결정을 하셨을까?

나는 돌아가신 분에게 물어볼 수 없어서 답답하였다. 이사장님의 이양 결정이 전부였고, 다른 대안이 있을 수 없는 상황인 것을 차츰 이해하였다. 나는 몹시 당황스러워, 밀가루를 공중으로 던지면 먼지처럼 흩어지듯, 도무지 생각을 붙잡을 수 없었다.

그건 현지인 교사들도 마찬가지였다. 그들에게 이사장님은 모든 일의 결정권자였다. 월급봉투를 주는 분이었고, 학교의 대소사를 모두 의논할 대상이었다. 행정을 탁월하게 담당하는 교장선생님이 계셨지만, 교사들은 나보다 심각한 멘붕의 표정이었다.

교장선생님도 처음엔 몹시 놀랐겠지만, 이사장이 돌아가셔서 경황없는 학교를 수습하고 있었다. 이사장실을 없애더니 그 방을 교실로 만들었다. 교장실도 마련했다. 그 변경 과정에, 의사결정 구조에 나는 없었다. 내가 새 이사장이라는 걸 다들 아는 상황이었다.

지금도 그렇지만, 그때도 이 학교의 교무실에는 (말이 교무실이지) 의자 몇 개와 작은 테이블 하나가 전부였다. 일반 교사들조차 앉아 있을 곳이 부족하다. 온 지 몇 달 되지 않은 젊은 이사장이 있을 곳은 전혀 아니었다.

나는 수업이 시작되기 전에 교사들의 예배를 인도한 다음, 그때는 할 일도 딱히 없었지만, 가 있을 곳이 아예 없어서 학교 마당에 주로 나가 있었다. 우두커니 서 있거나 앉아 있다가, 점심 시간이 되면 집에 가서 밥 먹고 다시 와보는 것이 부임 첫해와 이후 몇 년간의 일상이었다.

'방'이 없는 건 그나마 견딜만했다. 어차피 방을 가질 만한 직위를 기대하고 네팔에 온 것도 아니었다. 그래도 명색이 이사장이 됐는데, 그렇게 매일 무시를 당할 필요까진 없었다. 자존심이 나를 부추기기 시작했다.

줄서기와 힘겨루기

내가 이사장에 임명된 다음, 어떻게 알았는지 다음날 이른 아침부터 내가 사는 집에 네팔 사람들이 찾아오기 시작했다. 아침 7시에 누군가 노크해서 나갔더니 교감선생님과 부인이 서 있는 식이었다. 한밤중에 예수님을 찾아온 니고데모의 표정이 아마 이들과 비슷했을 것이다. 그들의 첫인사는 "얼마나 힘드냐"였다. 나를 위로하려는 것이었다. 그러더니 자기가 나를 돕겠다고 먼저 말했다. 나는 직감했다. 그건 교장 라인이 아닌 이사장 라인에 서겠다는 말이었다. 젊다 못해 어린 신임 이사장에게 '줄'을 대겠다는 것이다. 현지인 라인과 선교사 라인을 구분하는 것이었다.

사실 교감선생님과 대부분의 교사들은 교장과 잘 맞지 않아 불편했다. 어떤 면에선 그들이 나보다 간절했을지 모르겠다. 그러니 아침부터 이사장 집을 찾았을 것이다.

그들은 교장에 대한 뒷담화를 내게 늘어놓았다.

교장선생님은 키가 크지 않지만 단단해 보이는 사람이다. 업무 스타일은 전형적인 행정가이다. 그런 그에 대해, 네팔 사람들은 '지나간 자리에 풀 한 포기도 안 나게 할 사람'이라는 말을 했다. 어디선가 듣던 속담 같았다.

그는 예컨대, 분필을 낭비하면 아껴 쓰라고 잔소리하고, 교사가 지각하거나 복장이 불량하면 그냥 지나가지 못한다. 마당에 휴지 하나라도 떨어져 있으면 넘어가는 법이 없다.

그가 문제를 발견하고 교사와 학생들을 부를 때는 줄부터 세우곤 한다. 군대식의 집합을 거는 것이다. 그래서 그가 나타나면 다들 흠 하나라도 잡히지 않으려고 책상을 정리하거나, 아이들도 차렷 자세를 취하곤 한다.

교사들의 '뒷담화'의 결론은 간단했다. 새 술은 새 부대에 담근다고, 내가 새 이사장이 됐으니 기존의 교장을 내보내고 새 교장을 세우라는 거였다. 그들도 그가 불편하던 참에, 새 이사장에게 '결단'이라는 기름을 부으려 한 것이다. 나는 솔깃했다. 이러면 '어려운 결정'을 하고 싶은 내게 편이 생긴 셈이다.

'주님, 안 그래도 저 사람과 일하기 싫고 정말 힘든데, 현지인들마저 저러니 저 사람 내보내고 새 사람과 새로 시작하는 게 맞는 것 같은데요?'

나부터 고민이던 참이었다. 처음부터 그래 보였지만, 딱 봐도 내 말을 전혀 안 들을 사람인데, 이 사람과 '계속 같이 가는 것'이 맞나 싶었다. 일부 교사와 학부모들까지 내 등을 떠미니, 이건 기도를 해보기도 전에 온 하나님의 응답 같았다.

테슬라의 CEO 일론 머스크가 트위터를 인수하면서, 트위터의 임직원 수천 명을 대거 해고한 일이 있었다. 한마디로 자기 입맛에 맞는 사람하고만 일하겠다는, 전형적인 경영자의 결정이었다. 내가 이 뉴스를 들었을 때, 이사장이 됐을 때 일이 기억나는 건 당연했다.

어쨌든 내가 선교지에 오자마자, 현지인과 일종의 '힘겨루기'를 하게 될 줄은 전혀 상상하지 못했다. 내 나이 서른도 안 됐는데, 파워게임에 말려드는 기분을 처음 느꼈다. 그것도 외국에서다. 누가 아군이고 누가 적군인지부터 파악해야 했다. 교감선생님은 자기만 믿으라고 말했지만, 나는 판단하기 어려웠다. 내가 이 마당에 누구를 신뢰해야 하는가?

줄다리기 같은 힘겨루기에서 팽팽한 줄의 반대쪽을 홀로 잡고 있는 사람은 교장이었다. 교장은 나이가 나보다 2-3살가량 많은데, 학교를 설립할 때부터 선임 선교사님과 일한 사람이기도 하다. 그의 입장에서 보면 나는 영락없는 낙하산이다.

그 또한 속으로는 내가 매우 불편했을 것이다. 하지만 겉으로는 나에게 전혀 관심이 없는 것처럼 보였다. 다만 경계하는 건 분명했다. 왜냐하면 학교 건물 임대료와 교사 월급 같은 돈이 나에게서 나오기 때문이다. 그것만으로도 나는 교장선생님에게 "당신과 일 못 하겠으니 나가시오"라고 얼마든지 말할 수 있었다. 그러면, 전쟁이 시작됐을 것이다.

선택의 뻔한 방향

그때 학교에는 '상대적으로' 꽤 괜찮은 '교장 후보'가 한 명 있었다. 그는 윤 선교사님이 차기 리더로 점찍은 사람 같았다. 교장 선생님이 기독교 집안이 아닌 가난한 시골 출신으로서 자립한 사람인 반면, 그 젊은 교사는 언약학교를 아는 다른 선교사님들에게도 인정받는 인재였다. 누가 봐도 똑똑했고, 학력이나 기독교를 믿어온 집안 배경이나, 모든 면에서 탁월했다.

그는 네팔에서 가장 좋은 대학교를 졸업했고, 소수에 불과한 네팔의 기독교 사회에서 리더로 꼽히는 가문 출신이었다. 그의 매형과 처남이 교회 지도자이고, 네팔에서 가장 큰 교회의 목사이기도 했다. 영어 실력은 기본이고, 성품까지 좋았다. 이 학교의 차기 교장은 기존의 교장이 아니라 '젊은 그'일 수밖에 없었다. 하물며 그는 '내게 공손하기까지' 했다. 내가 그와 일하면 골치 아플 일은 없겠고, 무시당하지도 않을 게 분명했다.

선택의 방향은 명확했다. 나는 이곳에 와서 다윗처럼 일해야 할 사람인데, 그러자면 내게는 요나단이 필요하지, 사울 같은 사람은 방해만 될 뿐이다. 불편했다.

'불편한 상황'이 생겨서 그런지, 당시 네팔 선교사들과 학교 사회에서 암암리에 우리 학교에 대한 소문이 돌고 있었다. 새로 온 젊은 이사장이 새로운 교장을 구하고 있고, 반대로 교장은 새 이사장을 내쫓고 학교를 차지하려 한다는 소문이었다. 네팔이 좁다.

　나는 속으로 고민만 하고 있을 뿐이었는데, 사람들은 이미 결정난 사실인 것처럼 말을 옮겼다. 내가 교장선생님과 직접 부딪히지 않고 있었을 뿐이지 알게 모르게 겉도는 모습을 보이는 데다, 학교의 대소사에 관여하지 않고 있으니 그런 소문이 돈 것 같다. 좌우간, 소문은 가뭄에 산불 번지듯 퍼져가고 있었다.

　그러나 소문은 사실이 아니었다. 내가 소문의 내용처럼 교장선생님을 바로 내보내는 결정을 하기도 불가능했다. 우선 그때, 나는 아직 학교 행정을 대신할 만큼의 경험이 부족했다. 설립이사장이 돌아가신 마당에 이 학교를 가장 잘 알고 제어할 사람은 현지인 교장선생님뿐이었다. 그런 그가 나를 무시하더라도, 나는 그를 다루거나 관계를 해결할 방법을 알지 못했다. 그러니 마냥 불편하기만 했다. 하지만 그럴수록 당장 바꾸지 않으면, 갈수록 더 불편해질 건 불을 보듯 뻔했다. 이래선 내가 선교사로서 학원선교를 하러 온 목적마저 이루기 힘들 것 같았다.

　나는 하나님께 답을 구하며 매달렸다. 그렇게 '힘겨루기'의 전쟁터에서 살아갔던 시간이, 윤 선교사님이 돌아가신 다음 꽤 오래 계속되었다. 그야말로 죽어라 기도했는데, 답을 얻기 전에 내가 먼저 죽을 것만 같았다.

요나단이 왠 말이냐

내가 이사장이 된 지 3개월쯤 지났을 어느 날, 우리 부부는 한인 교회의 주일예배에 참석했다. 네팔의 주일, 즉 일요일은 한국의 토요일에 해당한다. 생체 시계는 네팔의 월요일이 한국의 주일이라고 매주 알려주므로, 네팔 교포 가운데 기독교인과 선교사들은 네팔의 일요일(한국의 토요일)은 물론 월요일(한국의 주일)에도 예배를 드리는 경우가 있다. 우리 가족은 요즘엔 현지인 교회에 출석하지만, 그때는 한인교회를 다니고 있었다.

그날따라 목사님의 설교 제목이 '다윗과 요나단'이었다. 이스라엘 왕국을 바로 세우려면 요나단 같은 사람이 다윗에게 필요했다는 게 설교 내용이었다. 그런데 그건 마치, 하나님이 나에게 요나단이 되라고 말씀하시는 것 같았다.

'주님, 그럼 내가 도와야 할 다윗이 누구라는 말씀인가요?'

느낌이 이상했다. 이럴 때 눈치는 왜 또 이리 빠른가? 나는 궁지에 몰린 기분이 들었다. 내가 이곳에서 다윗이 되어도 시원치 않을 것 같은데, 사울이라고 생각했던 교장선생님이 다윗이 돼야 한다는 말씀 같았다. 기가 막혔다.

"내가 선교지까지 왔으면, 이만큼 노력하고 젊어서부터 헌신해서 선교사가 됐다면, 최소한 다윗 정도는 되어야 하지 않을까요? 그래서 다윗이 이스라엘 나라를 세운 것처럼, 복음이 없는 이 땅에 와서 하나님의 나라를 세우는 데 기여한 '크고 훌륭한 선교사'로 기억돼야 하지 않을까요? 그런데 나더러 요나단이 되라니요? 아무리 주님이시라지만, 이건 좀 아니지 않나요? 게다가, 주변의 선배 선교사님들도 제게 조언하시길, 답답한 저 사람보다 참신한 새 사람하고 일하는 게 좋다고 하시는데, 내가 왜 나를 힘들게 하는 사람과 계속 같이 일해야 해요?"

내 항변에 대한 하나님의 응답은 없었다. 그를 다윗처럼 세워주고, 내가 요나단이 되라는 생각을 심어주신 다음엔 묵묵부답이셨다. 하긴 내가 세례요한이 되기보다 요나단이 되는 편이 낫긴 했다. 내가 세례요한이면, 그는 누가 된다는 말인가?

내가 불편한 그와 계속 같이 일하며 그를 세워주는 요나단이 되어야 한다는 말은 들을 때도 기가 막혔지만, 지금 생각해도 여전히 기가 막힌다.

나는 그 말씀을 받고 며칠을 묵상하며 기도했다. 우리의 '갈등'에 대한 소문이 무성해져 각자에게 충분히 전달되었을 즈음, 나는 작심하고서 그를 만났다.

지난 몇 달간 서로 배척하고 있다는 소문을 제각각 들은 상태에서 마주 앉아 대화를 시작하는 것이라, 처음엔 의심의 눈초리가 오고 갔다. 그날의 대화는 밤 11시까지 이어졌다. 대화의 결론은 이것이었다.

"우리 서로에 대해 나도는 소문은 다 사실이 아니며, 사실이어서도 안 된다. 나는 너를 전적으로 신뢰하기로 결정했다. 너도 나를 전적으로 신뢰해달라. 우리가 서로 잘 맞지 않는 부분이 있을지언정, 우리는 이 학교를 위해 노력하기로 같이 약속하자."

믿기 어려운 결정

나는 학교 행정에 관한 결정권을 교장선생님에게 위임하겠다고 말했다. 심지어 교사들의 월급봉투도 그가 주도록 했다. 그건 내게 있는 힘을 그에게 이양(移讓)한다는 뜻이었다. 그 결정은 내가 다윗과 요나단에 대한 설교를 듣고 오래 묵상하고 내린 것이었다. 그는 내 말이 믿기지 않았는지 계약서를 쓰자고 했다. 하지만 그런 건 쓸 이유가 없었다. 하나님이 주신 말씀이 내게는 계약서보다 엄중했기 때문이다. 계약서를 써서 믿을 수 있다면, 그게 무슨 믿음이라고 볼 수 있는가?

그래서 나는 18년 넘게, 지금까지 그 교장선생님과 같이 언약학교에서 일하고 있다.

놀랍게도 그날 이후, 그와 마음이 충분히 맞거나 생각이 일치했던 날은 많지 않았다. 그의 결정 중에 어떤 것은 내가 동의하기 매우 힘들었다.

현지인 교장과 외국인 선교사 이사장의 성격이 완전히 반대인데, 20일도 아니고 20년 가까이나 그렇게 살아오게 하셨다.

그런데 더 놀랍게도, 이것이 언약학교를 네팔에서 독특한 기독교 학교로 자리잡게 하신 하나님의 뜻이라는 걸, 나는 세월이 흐른 뒤에야 차차 알게 되었다.

04

기묘한 동거의 비밀

내가 학교에 대한 권한과 책임을 현지인 교장에게 넘기고 그를 돕는 위치에 서기로 한 것은 '기묘한 동거'의 시작이었다. 그 동거에서 내 역할은 그저 보이지 않는 울타리가 되는 것이었다.

울타리로서의 역할을 한 것은 다름아닌 예배였다. 나는 이사장이자 선교사로서, 매일 아침 교사들에게 말씀을 전하는 예배 인도만큼은 계속 담당하기로 했다. 행정가인 교장이 할 일이 아니었거니와, 그의 관심사도 아니었다.

예배는 우리 학교에서 내가 감당할 수 있고 해야 할 사역이며, 학교는 물론 나의 정체성까지 세워준 울타리가 되기도 했다.

어느 날 아침, 교사들에게 설교하려고 교실에 들어서려는 순간, 갑자기 내 앞에 계신 예수 그리스도의 모습을 상상하게 되었다. 예수님이 입은 옷은 왕이 입는 홍포(紅袍)이지만, 옷은 더러워지고 찢어진 채로, 종처럼 무릎을 꿇고 내 발을 씻어주시는 모습이었다. '예수님은 왕으로 세상에 오셨지만 종으로 사셨다'라는 상상이었다. 제자들의 발을 씻긴 것이 그걸 증명하신 퍼포먼

스였다. 그것만큼 비참한 삶이 있을까? 그리스도가 인간으로 사신 것만으로도 비참해지신 것인데, 실제로는 종처럼 사셨다는 사실을 나는 새삼스레 자각하였다.

하나님께서는 예수님이 세례받고 물에서 올라오실 때 "이는 내 사랑하는 아들이요 기뻐하는 자"라고 선포하셨다. 그 메시지가 예수님께 중요했던 이유는 자신의 정체성이 사람들에게 입증된 것이기 때문이다. "예수는 이 땅에서 하나님의 사랑을 받는 자로서, 하나님의 약속을 이 땅 가운데 실현하고 있다"라는 정체성이다.

예수님의 정체가 하나님의 사랑을 받는 아들이신 건 분명한 사실이다. 그러나 세상에서 살아가는 모습은 종이었다. 이것이 예수님의 정체성일 뿐 아니라, 선교사로서 나의 정체성이기도 하다는 걸 깨달은 것이다. 그것을 깨닫는 순간, 하염없이 눈물이 흘렀다. 내가 '본의아니게 영광스럽게도' 네팔에서 예수님처럼 종으로서 살고 있다는 사실을 발견한 순간이기도 했다.

예수의 삶을 산다는 것은

사람이 이 땅에서 예수 그리스도처럼 산다는 것은 감동과 간증이 될 수 있다. 그러나 실제로 종으로서 예수처럼 산다는 것은 다른 문제다. 그런 삶을 엇비슷하게나마 살아본 사람으로서 내가 깨달은 사실은, 예수의 삶을 산다는 것은 곧 종이 되신 그리스도와 연합하는 것이다.

예수 그리스도와 하나가 된다는 것은, 우리가 세상에서 하나님의 사랑을 받는 자라는 정체성을 가진 동시에, 가장 낮은 종이 된다는 것을 말한다. 다시 말해, 내가 아들이지만 종이 되는 것이다. 넓은 길을 갈 수 있지만, 좁은 길로 가는 것이다.

한웅재 목사님의 노래 중에 '소원'이 있다. 그 노래의 가사는 이러하다.

삶의 작은 일에도 그 마음을 알기 원하네

그 길, 그 좁은 길로 가기 원해

나의 작음을 알고 그분의 크심을 알며

소망, 그 깊은 길로 가기 원하네

저 높이 솟은 산이 되기보다

여기 오름직한 동산이 되길

내가 아는 길만 비추기보다는

누군가의 길을 비춰준다면

내가 노래하듯이 또 내가 얘기하듯이 살길

난 그렇게 죽기 원하네

삶의 한 절이라도 그분을 닮기 원하네

사랑, 그 높은 길로 가기 원하네

내가 예수의 삶을 제대로 살진 못해도, 예수 그리스도의 마음을 내 삶에서 한 절이라도 닮을 수 있다면 얼마나 좋을까? 그 길을 알 수만 있다면, 그래서 내가 그리스도와 연합할 수 있다면, 그 길은 내 인생을 바꿀 만한 충분한 이유일 수 있다. 그 순간에 반짝, 불이 켜졌다.

"그렇지! 내가 바로 이걸 원해서 선교사가 된 것이었어! 나는 그리스도의 마음을 더 알길 원했어! 예수와 하나 되고 싶었어! 하나님과 조금이라도 더 가까워지려고, 예수님과 연합하려고 선교사가 된 거였잖아! 그런데 내가 종이 되고 있는 걸 힘들어 하다니…"

내가 종이 되어야 한다! 그렇게 계시의 영이 내게 임했던 순간, "그리스도는 누구보다 높은 왕으로서 세상에 오셨지만, 세상에서는 종처럼 사셨다"라는 사실이 마치 예리한 칼이 되어 내 몸 깊은 곳을 찌르고 들어오는 것 같았다. 나는 몸을 떨었다. 이 날의 감동이 지난 세월 동안, 내가 요나단으로서, 아예 종이 되어 이 사역을 버틸 수 있는 힘이 되어주었다.

그날 이후, 나는 더 이상 성경이 이야기로만 읽혀지지 않았다. 내게는 삶(생명)이 되기 시작하였다. 이제는 만나는 사람들에게 나의 삶을 소개하고 복음으로 초청할 때, 성경이 삶이 되어 나를 변화시킨 그 순간에 대해 이야기한다.

교육은 훈화로 이뤄지지 않는다

언약학교에는 보통의 기독교 학교가 일주일에 한 시간 정도만 하는 '채플'이란 게 따로 없다. 대신 매일 그냥 '예배'를 드린다. 우선 이사장이 인도하는 교사들의 예배가 학생들이 등교하기 전에 있다. 교사들은 내가 나눈 말씀을 그대로 전하든 알아서 요약하든, 학생들이 등교하자마자 시작하는 학생예배에서 말씀을 전한다.

언약학교의 예배
대나무 교사에서 드리는 초등학생들의 예배.
학생들 앞에서 기도하는 선생님.

초등학생 전원이 예배를 드리는 교실은 단기선교를 왔던 한국 청년들이 대나무를 엮어 지은 것으로, 마치 헛간처럼 생겼다. 빈틈 사이로 바람이 통하는 '대나무 교사(校舍)'이지만, 네팔의 기후가 여름엔 덥고 겨울에도 영하로 내려가진 않으므로 사시사철 사용되고 있다. 아이들의 찬송 소리는 대나무 사이를 지나 주변 동네에 매일 아침 울려퍼진다.

한국에서 언약학교를 방문해 학생들이 대나무 교사에서 아침 예배를 드리는 장면을 본 분들은 "한국 아이들보다 훨씬 순수하고 찬양 소리가 크고 밝다"고 감탄한다. 마치 70-80년대에 부흥하던 한국교회의 주일학교를 보는 느낌이 든다는 분도 계셨다. 내가 초등학교 4학년생일 때 친구 따라 처음 교회 간 것이 80년대라, 그렇게 말씀하신 분의 표현이 공감되었다.

초등학생들이 수업하기 전에 모여서 드리는 예배는 한국의 여느 주일학교의 예배 모습과 크게 다르지 않다. 말씀을 암송하거나 즐겁게 찬양하고 율동도 한다. 아이들은 예배 시간에 "선생님 말 잘 들어라, 수업 시간에 떠들지 말아라, 학교 마당에 쓰레기 버리지 말아라" 하는 식의 훈화를 듣지 않는다. 그냥 하나님을 기뻐하고 말씀에 아멘 하며 찬양을 부를 뿐이다.

내가 교사들과 드리는 예배에서 나누는 설교에도 윤리적 지침은 거의 없다. 성경이 이렇게 말하니까 교사나 학생도 그렇게 행동해야 한다는 율법적 훈시가 아니다. 교사이니까 옷을 단정하게 입어야 하고, 학생이니까 말과 행동을 조심해야 한다는 식은 아니었다고 자부한다. 그저 말씀에 대한 이해와 적용이 대부분이다.

나는 오직 말씀을 묵상하며 깨달은 내용을 교사들에게 나누려고 애썼다. 그것이 교사들을 통해 학생들에게 복음이 흘러가며, 학교의 정체성을 세워가게끔 일할 것이라고 믿었다.

예배를 통해 오직 말씀을 나누는 것이 결과적으로 언약학교로 하여금 기독교 학교의 방향성을 찾게 하고, 선생님들에겐 기독 교사로서 정체성을 갖게 해주었다.

이것은 내가 안식년에 교육학 석사 과정을 공부하면서 배운 교육학 방법론에서 입증받기도 했다. 교육은 훈화로 이뤄지는 것이 아니라는 내용이었다. 메신저 자체가 메시지가 되는 것이고, 선생님이 학생들로 하여금 스스로 생각할 수 있는 공간이 되어주는 것이다. 예배가 바로 그런 공간이 된 것이다. 이런 예배를 20년 가까운 세월 동안 붙잡을 수 있었던 건 주님께 감사한 일이다.

삶과 예배가 분리되지 않기를

내가 네팔 학교에서 예배 인도자로 사역하면서, 목사가 아닌 사람으로서 매일 설교하는 것이 현지인에게 어떻게 보였을지 궁금해하는 분들이 종종 있었다. 현지인이 그런 걸 궁금해한 적은 없어서 물어본 적은 없는데, 네팔 교회에서는 평신도라 해도 조금만 성경을 알고 경험과 훈련을 쌓으면 설교를 할 수 있다. 물론 주일예배에서는 목사가 주로 설교하지만, 장로나 집사 중에서 번갈아 설교하기도 한다. 그래서 내가 학교에서 설교하는 것에 대해 이들이 이질감을 느끼지 못했던 것 같다.

나는 그들에게 설교자라기보다, 아마도 동료 교사 중에서 말씀을 전하는 리더로 여겨지고 있을 것이다. 그것이 편하게 자리 잡을 수 있었던 것은, 내가 이사장으로서 군림하는 리더십을 보였기보다, 섬기는 리더십에 가깝게 행동해왔기 때문일 것이다.

매일 설교를 준비한다는 건 물론 쉬운 일이 아니었다. 사실 내가 이곳에 온 초기에 말씀을 전할 때는 설교에 대한 부담감이 너무 커서 한국의 유명 설교자의 설교를 들어보지 않은 것이 거의 없었다. 신학교를 다니지 않았지만, 결국 목사나 다름없이 성경을 연구하고 설교를 준비해야 했다. 그러면서 깨달은 것은, 설교가 사람의 행동을 교정하는 도구가 되어선 안 된다는 것이었다. 내 설교가 만약 그런 방향이라면, 그건 교장선생님이 수시로 하는 잔소리와 차별이 없는 것이다. 그 깨달음은 내가 매일 인도해야 하는 예배의 방향을 잡는 데 도움이 됐다.

예배의 설교가 사람의 행동을 교정하기 위한 훈화가 되면, 그걸 듣는 대상은 예배를 혼나고 야단맞는 시간과 과정으로 받아들이게 된다. 실제로 많은 그리스도인이 예배를 그런 수단으로 사용하기도 한다. 나 역시 네팔에서 자녀를 낳아 양육하는 과정에서 가정예배를 드릴 때, 처음엔 예배를 교육의 수단으로 사용하였다. 하지만 예배에 대한 이해와 생각을 교육학적으로 교정하면서부터, 가정예배에서 훈화를 최대한 빼려고 노력했다. 학교에서는 더욱 그러하였다.

나는 신학도 공부했지만, 현실적인 목적으로 교육학을 더 연구하면서, 아이러니하게도 교육학을 통해 예배의 본질을 새롭게 이해하고 정립할 때가 많았다. 최근의 교육학은 교육이 교사의 훈화에 의한 것이라기보다 '학습하는 공동체로서 경험을 공유하는 것'이라고 강조한다. 그것을 예배에 적용하려면 삶과 예배를 연결해야 한다. 즉, 삶의 문제를 예배에서 성경으로 해석하는 것이다. 설교를 훈화처럼 사용해 삶을 교정하려는 것이 아니라, 단순히 말씀이 말하는 바를 공유함으로써, 공동체가 그 말씀에 서서히 젖어가게 하는 것이다. 무엇보다, 메신저가 그 메시지의 내용대로, 혹은 메시지 내용과 관련있는 삶을 직접 체험하며 고민하고 해석한 것을 전해야 한다. 메시지를 전하는 사람 자체가 메시지일 수 있어야 하기 때문이다.

그래서 나는 첫 사역 기간이 지나고 안식년을 마친 다음부터는 예배만 인도하는 것이 아니라, 내가 할 수 있는 교과목을 자원해서 맡아 직접 교사가 되기로 했다. 그래야 다른 교사들과 공감할 부분이 생길 수 있기 때문이다.

학교의 예배에서 다루는 주제들은 선생님들이 교실에서 일상적으로 부딪히는 문제들이다. 따라서 예배가 그저 종교적 행위와 의식에 머무르지 않도록, 설교자는 그들의 실제 삶에 도전이 될 만한 이야기와 이슈를 항상 던져줄 수 있어야 한다. 그것을 매일 말씀으로 풀어내고 다루는 작업을 내가 하고 있다. 내가 평교사가 된 것은 바로 그 때문이다. 교사들과 같은 경험을 공유하지 않으면, 이사장으로서 도덕적으로 옳은 이야기만 할 위험이 있어서다. 그것은 그들의 삶을 이분법적으로 만들 수 있다. 삶과 예배가 분리되는 일은 우리의 삶 속에 그런 식으로 자연스럽게 침투하게 되는 것 같다. 그래서 예배에서 삶의 고민을 던져주고, 당연히 여기는 것들에 대한 성경적 고민을 나누는 것이다.

싫어할 이유 천 가지, 사랑할 이유 한 가지

매일 설교하는 일이 처음에는 쉽지 않았으나, 매일 같은 시간에 설교하는 것은 내게 힘을 주었다. 2017년, 안식년을 보내고 다시 돌아와 네팔의 일상에 적응할 때, 네팔에서 생긴 바이오 리듬에 나를 가장 빨리 맞추는 방법 중 하나가 바로 설교를 시작하는 것임을 깨닫기도 했다.

'그리스도인의 공동체로서 기독교 학교의 정체성'이라는 주

언악학교의 교사 아침 예배
매일 아침, 수업이 시작되기 전에 선생님들과 함께 드리는 예배에서 말씀을 나눈다.

제로 설교한 날이 있다. 기독교 학교의 정체성을 세우기 위해, 교사들이 공동체로서 회복과 연합이 중요하다는 점을 강조했다. 창세기에 기록된 대로, 사람의 죄로 인해 생긴 분리와 분열이 공동체를 와해시켰지만, 예수 그리스도의 십자가로 말미암아 새로운 인류가 출범하였다. 이것이 믿음으로 말미암아 예수 그리스도를 주로 고백하는 새로운 가족 공동체라는 점을 이야기해주었다. 우리 선생님들도 그렇게 새로운 가족 공동체여야 하며, 서로 다름에도 불구하고 예수 그리스도의 이름 아래에서 용납하고 사랑하기를 지속해야 한다고 나누었다.

그날따라 아침 예배에, 평소에는 자주 참석하지 않던 교장선생님이 맨 앞자리에서 내 설교를 듣고 있었다. 그 앞에서 이 말씀을 전하면서, 우선 나 스스로에게 물어보고 또 물어보았다.

'나는 그와 더불어, 그리스도 안에서 새로운 가족 공동체를 이루고 있는가?'

그날은 내가 그를 신뢰하기로 결정한 지 십몇 년이 지났을 때였는데, 여전히 관계하기가 쉽지 않았다. 그렇지만 그때도 우리는 함께 살았고, 지금까지 살고 있다. 서로 너무 다른 사람이다. 성격도 좋아하는 것도, 모든 게 다른 사이다. 무엇보다 중요하다고 생각하는 가치관이 다르기 때문에 사역 초기부터 갈등이 많았다. 그래서 생긴 어려움을 참고 또 참고 참아내기를 오늘까지 해오면서 지내왔는데, 언약학교가 그렇게 지탱할 수 있었던 영적 에너지가 바로 예배에서 나오는 것임을 새삼 느꼈다.

사실 같이 예배를 드린다고 해서 바로 공동체가 되는 것은 아니다. 현지인 선생님들 사이에도 친한 사람들끼리 그룹이 형성돼 있다. 암묵적인 구분과 나눔이 있다.

우리는 그날 공동체에 대한 말씀을 나누면서 성령의 도우심을 함께 구하기로 했다. 우리가 서로를 싫어할 이유는 천 가지가 넘지만, 사랑해야 할 가장 강력한 단 하나의 이유가 있기 때문이다. 예수 그리스도이시다. 그 이유로 인해, 나는 평생을 걸쳐 사랑하기를 다짐하고, 상처받기를 결심해야 하는 것이다.

'이만큼 견디고 참았는데, 이제는 그만해도 되지 않겠나' 싶었는데, 나는 그날 또 다시 교장선생님에게 상처받기를 계속하기로 다짐하였다. 그것은 그를 사랑하기를 계속하겠다는 다짐이기도 했다. 내가 그렇게 살 때, 다른 선생님들도 그렇게 살아갈 수 있을 거라 생각하였다. 선생님들 안에 그런 용납과 인내와 사랑의 공동체가 만들어져가는 것이 우리가 예수의 제자임을 다른 이들도 알게 하는 길이란 걸, 나는 믿는다. 이걸 가능하게 하는 것이 바로 예배다.

"너희가 서로 사랑하면 이로써 모든 사람이 너희가 내 제자인 줄 알리라"(요 13:35).

8년 만의 깜짝파티

2012년 10월의 어느 날이 기억난다. 아침부터 초등학교(Primary School) 담당 코디네이터(교감) 선생님이 오후에 할 프로그램 때문에 교장선생님 눈치를 보고 있었다. 아마도 그 프로그램을 하는 것에 대해 교장선생님과 뭔가 생각이 맞지 않는 부분이 있었던 것 같다.

그날 내가 예배에서 묵상하고 설교한 말씀에서, 내가 태어난 것이 얼마나 큰 하나님의 은혜인지를 깊이 깨닫는 내용이 있었다. 그래서 그 은혜를 어떻게 나눌 수 있을지, 말하자면 적용점을 찾으려고 고민하던 참이었다.

그날은 교감선생님이 교장선생님 눈치를 보고 있어서, 내가 교장선생님의 기분을 좋게 만들어주면 좋을 것 같았다. 마침 그무렵에 교장선생님의 오토바이가 고장 나 있었다. 그 문제를 풀도록 돕는 것이 하나님의 뜻이고, 그날의 적용이 아닐까 하는 생각이 들었다.

하지만 우리 교장선생님은 내가 뭘 선물해도 전혀 고마워하거나 갚아줄 사람이 아니다. 그러니 내가 잘해준다 한들 잘해야 '내게 떡 하나 더 줄' 사람이다. 나와 마음이 잘 맞아서, 내가 뭘 해주고 싶은 사람도 아니다.

그래도 그날은 그냥 그를 도와주는 것이 맞다는 게 말씀의 적용이자 결론이었다. 그래서 하루 종일 교장선생님이 오토바이 사는 것을 도와주었다. 그의 기분이 무척 좋아지셨다. 그날은 교사들을 불러서 줄 세우는 일은 없을 것 같았다.

학교로 돌아오면서, 내가 선생님들을 위해 장한 일을 했다고 속으로 나를 칭찬하고 있었다. 그런데 깜짝 놀랄 일이 기다리고 있었다. 선생님들이 내 생일파티를 준비하고 있었다! 선교지에 온 지 무려 8년 만에 처음 받아본 것이었다. 생일 축하를 받으면서, 이제 이 사람들에게 인정받는가 싶어 울컥했다.

그날 선생님들이 내게 생일 축하 인사를 한 것 중에 가장 뭉클하고 감사했던 말은, 내가 그들의 영적 공급자로서 매일 설교를 해주었다는 점을 든 것이다. 지난 세월 동안 인내하며 기다릴 수 있는 힘을 주신 하나님께 감사드렸다.

PART
2

천국의 보화가
묻혀 있는 땅

05

무질서 속의 공동체성

대략 며칠간의 여행자라면 '네팔 생활이 퍽 여유롭다'고 착각할 수 있다. 이 '착각'의 묘한 행복감은 고층빌딩 하나 없는 카트만두에서 눈부시게 하늘 맑은 날, 수백 킬로미터 떨어진 히말라야의 눈 쌓인 산봉우리들이 찬란하게 보일 때 '확신'이 된다. 비록 포장 안 된 도로의 먼지와 꼬리를 무는 낡은 자동차들의 매연이 50년 전 서울처럼 휘날려서 목구멍이 칼칼하지만, 네팔의 일상은 얼음이 산을 덮은 히말라야처럼 고요하고 묵직하다고….

네팔이 '여유의 나라'라는 건 북서부의 포카라(Pokhara)를 관광하거나 단순히 산길을 걷는 트래킹(tracking) 여행자에겐 확신을 넘는 경험일 것이다. 그러나 정작 네팔에 산 지 20년이 되어가는 나는 그런 경험이 없다. 등잔 밑이 어둡다는 속담처럼, 네팔의 수도인 카트만두를 벗어난 적이 별로 없는 탓이다.

내가 사는 곳은 카트만두에 붙은 소도시 랄리푸르(Lalipur)이다. 그러니 사실은 랄리푸르를 벗어난 적이 많지 않다고 말해야 정확하다. 사는 곳에서 가까운 '파탄'(Patan)의 역사박물관도

카트만두 풍경
겨울엔 날이 맑으면 카트만두에서도 히말라야 산맥이 보인다.

2022년에 온 손님 덕분에 처음 들어가 봤을 정도다.

파탄은 상가와 왕궁터가 이어져 있는 지역인데, 랄리푸르의
옛 지명이기도 하다. 네팔 관광 화보집이나 여행 프로그램에서
볼 수 있는 네팔 전통 건물이 많은 곳이어서 왕궁과 박물관을 함
께 볼 수 있다. 네팔 여행자라면 빼놓을 수 없는 관광 1번지이다.
그런데도 지난 20여 년간, 나는 파탄에서 가까운 랄리푸르 주택
가의 언약학교 반경 몇십 리 안을 맴돈 편이다.

나는 카트만두에서 산다

네팔에서는 랄리푸르를 서울 옆의 부평이나 용인처럼 생각해도
무방하다. 랄리푸르에 사는 사람이 외국인에게서 "네팔 어디 사
느냐"는 질문을 받을 경우 "카트만두에서 산다"고 답해도 거짓
말이 아닐 수 있다. 용인시민이 "서울에 산다"고 말하면 거짓이
지만, 직장이 서울에 있을 경우 "서울에서 산다"고 말할 수 있는
것과 비슷하다.

사실 카트만두와 랄리푸르의 거리는 서울과 용인보다 가깝
다. 랄리푸르는 네팔의 수도 카트만두의 공항에서 차를 타고서
시가지를 잠깐 거친 다음, 서울 청계천보다 조금 넓은 바그마디
강을 건너면 금세 들어서는 곳이다. 이 강은 주택의 하수가 그대
로 모이는 곳이라 과거의 청계천과 유사하다.

어쨌든 네팔에서 카트만두와 랄리푸르를 구분하는 건 별 의
미가 없다. 한국인을 비롯한 외국인은 랄리푸르는 몰라도 카트
만두는 다 알기에, 나도 그냥 카트만두에서 산다고 말하는 게 편
할 뿐이다.

공항에서 랄리푸르까지 그리 멀지도 않다. 하지만 초행이라
면 상상외로 복잡한 교통에 우선 놀라고, 시간도 제법 걸려서 멀
다고 느낄 수 있다. 그 길 위에 한국산 자동차가 생각보다 많은
걸 보고 반가운 마음이 들 것이다.

파탄의 풍경
카트만두 랄리푸르에서 상가와 고
궁, 박물관 등이 이어지는 곳이다.

네팔에는 현대자동차그룹의 인도 법인이 만든 현대와 기아 자동차가 인도 차와 일본 차 못지않게 많다. 인도에서 판매 1위인 자동차는 마힌드라(Mahindra)인데, 한국 브랜드 자동차가 부동의 2위이던 타타(Tata)를 최근에 앞서고 있다. 인도 차량은 상대적으로 저가인지라, 국가별 자동차 시장 규모에서 세계 5위인 인도에서 실제로는 한국 차가 최고라는 평가를 받고 있다. 그 영향으로, 네팔에도 현대와 기아 로고가 붙은 차가 많은 편이다.

네팔에선 차량 가격이 매우 비싸다. 새 자동차의 가격은 한국에서 사는 것에 비해 거의 두 배이다. 자동차는 부자들이 타는 것이라는 개념 때문인지 차량 가격 대비 약 100퍼센트의 세금이 붙기 때문이다. 옛날 한국에서도 자동차가 생산되기 전에 자동차 보유세를 차량 가격만큼 부과하던 시절이 있었다고 한다. 여기도 그런 개념이다. 대신 오토바이는 세금이 적어 외국과 비슷한 가격으로 살 수 있다. 그래서 거리에 오토바이와 스쿠터가 많다. 나도 출퇴근할 때는 주로 스쿠터를 탄다. 대부분의 선교사들과 교포들도 스쿠터를 애용한다. 자동차 가격이 비싸서 차가 적을 것 같지만 도로는 늘 막히고, 의외로 새 차도 종종 볼 수 있다. 물론 거리를 달리는 차량의 대부분은 중고차이다. 수령이 30-40년 된 차가 흔하다. 굴러갈 수만 있으면 엔진까지 고쳐서 탄다.

규칙을 지킬 거라는 기대는 금물

네팔 도로의 교통 문화는 독특하다. 일단 차량의 핸들이 인접 국가인 인도가 영국의 지배를 받은 것에 영향을 받아 우측에 있다. 아직 비포장도로가 대부분이라 차선이 없고, 있더라도 잘 지키지 않는다. 누구라도 차선을 지키거나 교통 법규를 지킬 것이라고 서로 기대하지 않는다. 길이 막히면 중앙선을 넘어 역주행하는 경우마저 있다. 보행자들도 마찬가지여서 무단횡단이 다반사다. 오토바이도 알아서 피해 다닌다. 신호등이 생기기 시작한건 최근 일이다. 이런데도 신기하게 교통사고가 많은 편이 아니다. 어쩌다 사고가 나면 큰 뉴스가 되지만, 단순한 접촉사고도 드물다. 무척 무질서할 것 같은데, 그 속에서 나름의 질서가 만들어지는 것이 정말로 매우 신기하다.

카트만두 시가지의 도로는 매우 단순하다. 도시를 가로지르는 대로가 하나뿐이다. 그 대로를 중심으로 웬만한 간선도로(골목길)는 다 연결된다. 이 대로가 도시를 관통한다면, '링로드'(Ring Road)는 카트만두 외곽을 순환하는 도로이다. 여기도 차선이 불명확하긴 하지만, 편도 4-5개 차선에 달할 정도로 넓은 길이다. 그 길의 바깥은 시외, 그 안은 시내로 구분한다. 내가 살고 있는 동네에서 차로 2분만 가면 그 길이 나온다.

도시를 관통하는 대로와 그 주변 골목길들은 물론이고, 링로드를 운전할 때도 유의할 점은 같다. 앞에 가고 있는 차의 운전자나 맞은편에서 오는 차의 운전자가 규칙을 지킬 거라는 기대를 하지 않는 것이다. 물론 나는 규칙을 지키고 안전하게 운전하려고 노력하지만, 남들도 그러리라는 기대는 하지 않는다.

한국에서 운전할 때는 당연히 모든 사람이 규칙을 지켜야 한다. 따라서 규칙을 지키지 않는 사람을 보면 당황하고 화가 나서 경적을 울리기도 한다. 하지만 네팔에서는 기본적으로 앞의 사람이 규칙대로 움직일 거라는 '막연한 기대'를 하지 않기 때문에, 늘 방어운전과 돌발상황을 생각한다. 따라서 오히려 사고가 적은 편이라는 결론이 신기하다.

이처럼 독특한 교통 문화 때문에, 네팔에 처음 온 사람들은 내가 운전하는 모습을 보고서 겁을 내고, 교통체계의 무질서에 혀를 내두른다. "여기서 도대체 어떻게 운전하고 사느냐?"고 물어보는 게 당연하다. 이걸 나는 '열역학 제2법칙'을 들어가며 "이 나라엔 무질서 속에 존재하는 질서가 있다"고 '폼나게' 설명한다. 그건 여기에서 사는 사람만 알 수 있는 것이라고 의기양양하게 덧붙인다.

나는 네팔의 도로 교통 문화가 이 나라 사람들의 공동체성 가운데 하나라고 생각한다. 네팔 사람들끼리 소통하는 특별한 방식이 있는 것이다.

네팔에서 얻은 지혜

2012년, 나를 만나기 위해 네팔을 방문한 나의 교육학 석사 논문 지도 교수님(Prof. Jan Simonson)께, 복잡하고 규칙이 없어 보이는 네팔의 교통 속에 존재하는 상호이해(mutual understanding)에 대해 설명해드린 적이 있다. 그것이 교수님에게 통찰력을 주었나 보다. 네팔을 다녀가신 다음, 만나는 사람들에게 내게서 들은 '네팔의 교통체계에서 얻은 지혜'를 나누곤 하신다. 그 내용을 당신의 블로그에 쓰셨는데, 의역하여 옮긴다.

저는 지난 며칠 동안 네팔 문화를 통해 매우 놀라운 교훈을 얻었습니다. (2012년 당시) 인구가 270만 명이 넘는 대도시 카트만두의 교통을 실제로 경험하고서 얻은 것입니다. 내가 설명하려는 이야기는 초현실적으로 들릴 것입니다. 내가 경험한 이야기를 읽을 때, 마치 비디오를 본다는 상상을 해보시기 바랍니다.

도로는 대부분 돌과 흙이며, 멋지게 포장된 길도 더러 있지만 파인 곳이 많습니다. 큰 도로는 5개에서 8개 차선에 해당할 정도로 넓지만, 선이 표시되지 않은 비포장임을 기억하십시오. 승용차, 트럭, 밴, 오토바이, 자전거와 보행자가 도로에 뒤섞여 있습니다. 보도나 갓길은 거의 없습니다. 교통량은 놀랍게도 많아 범퍼와 범퍼가 거의 부딪힐 정도이고, 차선이 명확하지 않지만 차들은 멈추지 않습니다. 도로 표지판, 신호등, 정지 표시가 없습니다. (신호등은 교수님이 다녀가시고 10년쯤 지나서 생기기 시작했다.) 사람들은 오직 경적으로 서로 의사소통을 합니다.

'진'(진실로)이 이런 네팔에 있는 동안 교통사고가 난 일은 없었습니다. 교통 법규는 있긴 하지만 (잘 지키지 않아) 없다시피 하며, 상식적인 상호이해만 있습니다. 자리를 찾은 곳에 주차하거나, (거리에서 만난) 친구와 이야기하기 위해 언제든 멈출 수 있습니다. 사람들은 다른 차가 언제든 주차하려 하거나, 끼어들기를 하거나, 어디로든 방향을 틀 것이라고 가정하고 주위를 살펴 운전할 것입니다.

도대체 어떻게 그렇게 운전할까요? 그들은 거리에서 무언의 합의(合意)를 가지고 있습니다. 사람들(다른 운전자들)에게 화를 내지 않습니다. 당신이 어디에 있는지, 양보한다든지 양보하지 않겠다든지 하는 의도를 말하기 위해 경적을 울리는 횟수를 알아야 합니다. 수신호나 헤드라이트의 신호를 따르며, 크기가 다른 차량을 존중합니다. (소형 차량이 많은 네팔에서는 중대형 차량이 소형 차량이라고 무시하지 않습니다.) 그것은 모두 협력과 의사소통을 위한 것입니다. 서로 존중하고 공간을 공유합니다.

(진이 운전하는 차에서) 나는 승객이었지만, 마치 운전하는 비디오 게임을 보는 것처럼 느꼈습니다. 하지만 차 밖으로 떨어지거나 벽에 부딪히지는 않았습니다. 때로는 차를 탈 때 눈을 감고 쉬

어야 했습니다. 피곤했지만, 유쾌했습니다. 진은 계속해서, (도로에서 보는 것과 같은) 정신이 (이 나라의) 문화에 어떻게 존재하는지 설명했습니다.

이 도시는 전반적으로 매우 가난합니다. 거리에서 모닥불로 저녁을 요리하는 사람들을 볼 수 있습니다. 대부분은 전기를 사용하지 않으며, 도시는 오후에 일찌감치 폐쇄됩니다. 하지만 거지나 노숙자가 없고, 범죄가 거의 없습니다. 집과 사람들은 도둑과 강도를 거의 당하지 않습니다. 대신 사람들은 서로를 돌보고, 상대방이 필요한 것을 가지고 있는지 살핍니다.

저에게 이 발견이 아름다운 이유는, 제가 교육에 관해 교사들과 공유하려고 했던 바로 그것이었기 때문입니다. 개인주의와 판단과 통제에서 협력과 공유하기로 생각을 바꾸어, 더 깊이 사고

논문 지도 교수님과
2012년 네팔을 방문하신 시몬슨
교수님과 드림가든에서.

하고 참여하며 학습하는 공동체를 이루는 것입니다. 나는 이제 서구 이론가들을 제쳐두고, 네팔 문화를 (교육 이론의) 예화로 사용할 수 있게 되었습니다. (그렇게 한 결과) 교사들의 얼굴이 밝아지고, (긴장했던) 몸이 이완되는 것을 볼 수 있었습니다.

생각(thinking)을 구분하고 제거하려는 현대의 목표주의나 결과주의 방식을 따르기보다, 네팔의 교통 문화, 즉 네팔 방식으로 문제를 제기하고 해결하는 방법으로 수업 계획을 세워보십시오. 우리는 서로에게서 (교수와 학생 사이에서) 배웠습니다.

06

네팔이 아름다운 이유

교통 문화를 통해 네팔 문화와 공동체성을 설명했으니, 네팔에 대한 이해를 도울 수 있는 몇 가지 설명을 더 드리고 싶다.

네팔의 정치는 대통령과 수상이 있는 공화정 체제이다. 대통령은 왕이 없어진 대신 생긴 상징적 자리이다. 결정권은 주로 수상에게 있다. 네팔 정치제도는 어떤 면에서 보면 우리나라보다 선진적이다. 수상은 주로 남자가 하지만 여자가 할 때도 있다. 대신 수상이 남자면 대통령은 무조건 여자가 한다는 불문율이 있다. 남녀평등 사상이 강해서이다. 국회의원도 반드시 몇 퍼센트 비율로 여성이 되어야 한다. 여성 정치인이 단순한 얼굴마담 수준이 아니라 실제적인 역할과 권한을 가진다. 그만큼 네팔은 시민의식이 높다. 민주화와 더불어 선진국의 정치사회 개념을 받아들이면서 시민의식도 빠르게 성장했기 때문이다. NGO 활동도 활발하다.

남녀평등과 시민의식은 교육에도 영향을 주었다. 네팔의 교육열은 매우 높다. 자원도 농사지을 땅도 부족하고, 관광 수입

외에 별다른 산업이 많지 않은 나라에서 살길은 교육뿐이라고 본 것 같다. 내가 학교에서 느끼는 네팔 사람들의 교육열이 실제로 그렇다.

시골 사람들도 아이는 다 학교에 보낸다. 글자를 배우고 교육받는 것을 당연하다고 여긴다. 그래서 내가 보기에, 네팔에 임한 하나님의 은혜는 깨어 있는 인적 자원이다. NGO 차원에서 보면 전세계에서 네팔이 가장 많은 교육 지원과 투자를 받았다. 그 결과 문맹과 문해력도 가장 단기간에 극복했다.

급진적 도시화와 교육열

네팔의 교육열이 높아지는 데 큰 영향을 끼친 것은 아무래도 '왕정시대의 종말'일 것이다. 그 이전은 왕족의 자녀들만 학교를 다닐 수 있던 시절이었다. 그들의 학교는 영어로만 가르쳤다. 그런데 민주화가 되면서 교육이 보편화되었고, 평민들을 위한 공립학교 교육도 왕족이 받던 방식을 따라가게 되었다. 그러면서 일종의 신분 상승 기분을 느낀 것 같다. 그래서인지 네팔에서는 상류층과 지식인일수록 전통 네팔어보다 영어를 더 많이 사용한다. 시장 골목의 아주머니도 영어를 할 줄 안다. 관광지로 유명한 어느 나라보다 여행객이 영어로 소통하기 편한 나라가 네팔이다. 이건 단순히 외국 문화를 흉내낸 것이 아니다. 정치 발전과 민주화 과정에서 자연스럽게 정착된 것이다. 네팔의 사립학교에서도 영어로 가르치는 문화가 일찌감치 자리잡았다.

네팔 사람들이 다른 제3세계 나라들과 달리 교육에서 여성을 배제하지 않는 것도 특이하다. 여성도 동등한 교육을 받아야 한다는 생각이 당연하다는 듯 정착되었다. 그래서 여성 교육률이 가장 단기간에 높이 오른 나라가 또한 네팔이다. 유산상속도 남녀가 평등하다. 과거에는 딸에게 유산을 주는 법이 이 나라에 없었는데, 지금은 동일하게 주도록 법이 바뀌었다. 이 모든 게 최근 10-20년 사이에 변한 것이다.

도시화도 급진적이다. 뜨거운 교육열이 도시화를 촉진시킨 이유이기도 할 것이다. 2천년대에 급속도로 증가한 도시화로 인해, 2023년 현재 카트만두의 인구는 320만 명 정도일 것으로 추정된다. 2021년의 인구 조사에 따르면, 인구 밀도는 세계에서 6번째로 꼽힐 만큼 좁다. 도시 풍경은 여전히 60년대의 서울과 비슷하지만, 최근엔 해외 관광객을 위한 호텔로 쓰기 위해 현대식 고층빌딩도 지어지고 있다. 거리엔 테슬라 같은 최신형 자동차도 가끔 다녀서 독특한 분위기를 자아낸다.

카트만두에 인구가 밀집되는 까닭은, 아무래도 시골에서는 돈을 벌기 어렵기 때문이다. 도시로 와야 미래를 그려볼 수 있고, 가족 중 누군가 먼저 정착하면 따라와서 사는 건 한국의 과거 모습과 비슷하다.

서양문화와 전통문화의 조화

네팔의 의복 문화도 왕정의 영향을 받은 것이다. 네팔 남자 성인의 전통 복장이 언뜻 보면 한복 같은데, 겉옷 모양은 양복 정장을 닮았다.

원래는 겉옷으로 양복을 입지 않았다고 한다. 오래 전에 네팔 왕이 영국 빅토리아 왕을 만나러 간 일이 있는데, 빅토리아 여왕이 그에게 영국의 유명 양복을 한 벌 선물했다. 왕이 네팔에 돌아올 때 비행기에서 내리면서, 자랑하고 싶었는지 그 양복을 전통 복장 위에 걸쳐 입었다. 한국 남자가 한복 위에 양복을 걸친 모습을 상상하면 딱 맞다. 그 모습을 담은 사진이 국민들 사이에 화제가 됐고, 자연스럽게 네팔 남성들의 정장 패션이 된 것 같다. 그래서인지 요즘엔 아예 네팔 전통 옷감을 사용해 겉옷을 양복처럼 만든다. 영국식 복장 문화가 네팔식으로 토착화된 것이다. 네팔 문화에는 이처럼 서양, 특히 영국의 문화가 이식돼 네팔의 전통문화인 것처럼 여겨지는 것들이 많다.

카트만두 시내를 걷다 보면 전통의상 전문점(부티크)이 많이 보인다. '샤리'라고 불리는 여성의 드레스나 파티복을 맞춰 입는 곳이다. 샤리는 얇고 속이 비치는 천으로 만드는데, 밸리댄스 의상과 비슷하다. 실제로 인도와 네팔에서 여성이 잔치에서 춤을 출 때 입는 것이다. 내가 네팔에 처음 왔을 때만 해도 거의 모든 여성이 이런 전통의상을 입고 다녔다. 하지만 이제는 편한 셔츠와 청바지 차림이 대세다. 일상복이 서양화된 것이다. 샤리는 잔치할 때만 입는 사치품에 가깝다. 보통 사람에게 샤리는 1년에 잘해야 한번 결혼식의 하객 복장으로 입는 예복이거나, 남편이나 남자친구가 아내와 여자친구에게 선물하는 이벤트 용품이 됐다. 한국으로 치면 남편과 남자친구가 명품 가방이나 브랜드 의상을 선물하는 개념이다. 네팔의 파티복이 평균 수입과 물가에 비하면 매우 비싸기에, 어쩌다 장만하면 한껏 멋을 부리고 '인생사진'을 찍는 게 이곳 여성들의 로망이다.

다양한 종족과 다양한 달력

네팔 종족은 최대 70개라고 알려져 있다. 인종적으로나 문화적으로 다양성이 높다.

서울대학교 아시아연구소(SNUAC)에서 2021년에 발표한 자료에 따르면, 수도 카트만두 인구 중에서 네와르 족이 30퍼센트로 가장 큰 민족 그룹이며, 이외에 타망(Tamang), 구룽(Gurung), 수누와르(Sunuwar), 마가르(Magar) 등을 포함하는 마트왈리(Matwali) 족이 25퍼센트, 카스 브라만(Khas Brahmins) 족이 20퍼센트, 체트리(Chhetri) 족이 18.5퍼센트를 구성하고 있다. 타망족은 카트만두 주변 산지에서 이주해왔으며, 히말라야 산맥 외곽 산기슭의 습지 숲과 초원 지역인 테라이(Terai)에서도 여러 종족들이 카트만두로 이주했다.

도시 주민의 주요 종교는 네팔 전체와 유사한 분포를 이루며, 힌두교 81퍼센트, 불교 9퍼센트, 이슬람교 4퍼센트, 기독교를 포함한 기타 종교가 5퍼센트이다.

네팔 사람들은 같은 종족끼리 결혼하는 풍습 때문에 유전자 유지가 잘 되는 편이다. 종족마다 자기들끼리는 성격이 비슷한 걸 볼 수 있다. 어떤 종족의 성격이 점잖다고 소문 나 있으면 그들 중 절반은 그렇다. 어떤 종족 사람들은 말이 많다 싶으면 또 대개 그렇다. 어떤 종족 여자들이 드세다면 진짜 드센 편이다. 그런 종족은 모계사회인 경우가 많다.

네팔의 달력도 독특하다. 네팔은 종족에 따라 시작하는 새해 첫날이 다를 수 있다. 어떤 종족의 달력은 3월이 새해이고, 어떤 종족들은 2월이나 4월이다. 그래서 한 4월쯤 돼야 네팔 전체에서 새해가 시작됐다는 느낌이 든다. 음력을 쓰니까 설날도 해마다 왔다 갔다 한다. 네팔에서 서양 캘린더는 일반적이지 않다. 이들은 생일도 자기 종족의 달력을 따른다. 그래서 웬만하면 자기 종족의 달력만 기억하면 된다. 스마트폰 앱 중에 네팔 달력을 볼 수 있는 캘린더 앱이 따로 있다. 참고로, 네팔 달력으로 2023년은 2080년이다.

내륙 국가로서의 특징

네팔의 음식문화는 인도에 가까우면서 독창적이다. 아침식사로 토스트를 주로 먹는데, 밀가루에 글루텐이 적기 때문에 빵이 쫄깃하지 않고 과자처럼 바삭하다는 식감을 준다. 양고기와 소고기 같은 육류는 쉽게 구하지만, 기본적으로 해산물이 없다. 남쪽은 인도의 북부이고 북쪽으로는 히말라야로 가로막힌, 완벽한 내륙 국가이기 때문이다. 태국에서 수입하거나 인도를 거쳐 들어오는 해산물은 있는데, 세금이 많이 붙기 때문에 매우 비싸다. 나는 여기서 해산물을 거의 구경하지 못했다.

네팔은 아직 상수도가 없다. 우물을 파서 양수기로 끌어올려 물탱크로 옮기거나, '물차'가 물을 실어 배달한다. 그걸 집마다 지붕에 세운 물통에 채워 쓰는 것이다. 부족해지면 물차를 또 불러 채운다. 시골은 더 열악해서, 우물을 파지 않으면 물을 쓰기 어렵다.

그런데 놀라운 건, 네팔의 강수 자원이 세계 2위라는 사실이다. 네팔이 강수량이 적은 나라인 건 맞지만, 수원지가 히말라야이기 때문이다. 그것이 인도까지 이어져 인더스강과 갠지스강이 되는데, 문제는 거기에 있다. 인도의 강 수위가 떨어지면 안 되는 것이다. 인도가 네팔보다 강대국이어서, 이 강물의 우선 사용권을 인도가 가져간 것이다. 만약 네팔에서 인도로 흘러가는 수량을 조절하면 인도에서 돌아오는 불이익을 감수해야 한다.

네팔의 우상 문화 중에, 1년 중 어느 날은 특정한 동물을 숭상하는 전통이 있다. 원숭이나 소 같은 것을 숭배하는 형상을 파탄의 왕궁박물관에서 볼 수 있는데, 개도 그런 대상 중 하나이다. 그래서인지 네팔 거리와 골목엔 주인 없는 개가 즐비하다. 네팔 사람들이 개를 식용으로 생각하지 않기 때문 같다. 인도에서는 소가 자동차를 피하지 않는다고 하지만, 카트만두에서는 자동차가 담벼락 쪽으로 후진해도, 담 밑에 앉아 있던 개가 전혀 신경 쓰지 않는다.

개의 날에는 거리의 개에게 음식을 바칠 뿐 아니라, 꽃다발을 개 목과 몸에 둘러주는 진풍경이 연출된다. 한마디로 개들이 융숭한 대접을 받는 것이다. 그런 전통이 1년 내내 이어져, 웬만큼 여유있는 집에서는 매일 일정한 시간에 개가 먹을 음식을 문 앞에 내놓는다. 그래서 대문 앞에 큰 개 한두 마리가 진을 치고 있는 모습을 종종 볼 수 있다. 낮에는 그런 개들을 신경 쓰지 않아도 된다. 개들은 대개 낮잠을 자는 편이다. 하지만 밤에는 조심할 필요가 있다.

빈부격차와 공동체 의식의 만남

네팔의 빈부격차는 우리의 상상을 초월한다. 자동차 구입 가격이 세계 평균의 2배에 달하지만, 서민의 평균 급여는 한국의 10분의 1 이하 수준이다. 인접 국가인 인도와 방글라데시 같은 나라들의 힌두 문화의 신분제도 영향을 받은 것이라고 볼 수 있다. 그래서 방글라데시에서 사역하는 선교사들이 가끔 '힐링'하러 네팔에 오기도 한다. 네팔이 방글라데시보다 가난하게 느껴져, 방글라데시에서 사는 것이 더 나은 것처럼 여겨지기 때문이다.

신분과 빈부 차이가 이렇게 크지만, 그 대신 네팔의 부자들에게는 '가진 자의 책무'를 보여주는 '노블리스 오블리주' 문화가 있다. 지역 공동체를 위해 나누고 배려하는 것이다. 나는 이것 또한 네팔 공동체의 힘이라고 보았다.

네팔 사람들의 공동체 문화는 한국의 시골에서 본 품앗이 이상의 무엇이다. 상부상조나 주고받는(give and take) 수준을 뛰어넘는다. 부유층이 그런 모습을 특별히 보여주는 것이다. 자기가 사는 지역에 가난한 사람이 있으면 도와줘야 한다고 생각한다. 그걸 매우 가치있는 일로 여긴다. 예를 들어, 부자가 사는 동네의 이웃 중에 가난하지만 성실하고 똑똑한 아이가 보이면 자기 집에서 일하게 하면서 학교에 보내준다.

2015년 4월 네팔에 지진이 났을 때, 그 피해가 엄청났음에도 불구하고 외국의 원조가 생각보다 많이 필요하지 않았던 것도 사실은 네팔의 부자들 덕분이다. 지진이 일어나자, 네팔의 부자들이 자기 차에 먹을 것을 잔뜩 싣고 피해가 큰 시골로 도와주러

가는 모습을 볼 수 있었다. 자기 고향에 피해가 클 경우, 일종의 향우회 같은 걸 조직해 움직이는 것 같았다. 외국의 원조가 있기 전에, 이미 네팔 안에서 서로 돕는 움직임이 스스로 일어났던 것이다. 아마 다른 나라 부자들은 난리가 나면 피신하거나 사재기부터 할 것이다. 누가 망하든 굶어 죽든 상관하지 않는다. 하지만 네팔 사람들은 그런 모습이 없다. 부자들이나 일반인이나 마찬가지다. 평소에는 상관하지 않더라도, 일단 재난이 닥치면 서로 돕는 게 이 나라 사람들에겐 당연한 일이 된다.

네팔 교회 성도들에게도 공동체 의식과 노블리스 오블리주 문화와 유사한 개념의 특징이 있다. 신자들이 자기가 태어나고 자란 고향에 교회를 세우는 것이다. 특히 노년층은 그렇게 하는 걸 대단한 명예로 여긴다. 명절 때, 누가 고향에 전도여행을 다녀오겠다고 말하면 십시일반으로 헌금해서 후원한다. 그러면 그곳에 교회가 세워지기도 한다. 네팔 도시 성도들이 그런 식으로 시골에 교회를 세우는 것이다. 선교를 위해서는 매우 아름다운 전통이다. 그건 외부의 누가 가르치고 만들어준 전통이 아니다. 왕정과 힌두교와 불교가 지배하던 시기에 믿음을 지켜낸 네팔 1세대 신앙인들이 스스로 만든 문화이다.

07

100년 넘는 시간을 가진 자

네팔에서 살다 보니, 나도 어느덧 네팔 사람이 되어가는 것을 느낀다. 하루는 하교하는 아이를 데리러 스쿠터를 타고서 학교로 들어가는 골목길에서 진입 금지 표지판을 보았다. 그 앞에서 무슨 공사를 하는 중이라 들어가지 못하게 한 것이다.

한국 사람 같으면 들어가지 말라고 하니 돌아갈 것이다. 하지만 나는 '늘' 그랬듯이 표지판을 무시하고, 골목으로 들어가려고 핸들을 돌렸다가 바로 브레이크를 잡아야 했다. 골목의 공사가 단순한 땅 파헤치기가 아니라 콘크리트를 부어 말리는 '양생중'이었기 때문이다. 그것도 바로 조금 전에 부은 것이라, 스쿠터가 진입하면 바퀴가 진흙탕에 빠지는 것처럼 빠질 것이고, 말라가는 도중의 콘크리트라서 내 스쿠터도 꼼짝달싹 못하고 못 쓰게 될 일이었다.

순간의 일이었지만, 내가 한국 사람이 아니라 네팔 사람처럼 행동했다는 걸 느끼고 잠시 웃었다. 왜냐하면, 웬만한 공사라면 네팔 사람들은 진입 금지 표지판이 있어도 '대충 지나가지 뭐'

하며 들어서기 때문이다. 땅을 파놓은 정도면 그냥 건너다니거나, 스쿠터와 오토바이가 지나갈 수만 있으면 무시하는 것이다. 사람들이 진입 금지 표지판을 보고도 일단 가보는 건 네팔에서만 이해할 수 있는 행동일 것이다. 그런데, 내가 그러고 있던 것이다.

신뢰가 기본이 되는 사회에서 살다가 네팔에 와서, 교통도 무질서한 사회를 바라보면 이해가 안 될 때가 많았다. 하지만 분명한 건, 이곳에서 운행되는 '공동체적 요소'가 있다는 것이다. 말하지 않아도 서로 아는 이들만의 룰(규칙)이 있다. 그것에 대한 이해가 쌓여갈 때, 이 무질서 속에서 오히려 자유롭게 헤엄칠 수 있을 것이라고 생각했다. 이것이 선교의 기본인 '문화 이해'이기도 할 것이다.

변화에 대한 생각의 차이

이해되지 않는 선교지의 문화에 대해 선교사가 다가가려 할 때 생기는 문제 중 대표적인 것이 '변화에 대한 생각의 차이'와 '시간에 대한 팩터(factor)'를 들 수 있다.

선교사는 사역할 때, '다른 것'에 대해 변화를 주는 일에 필연적으로 집중할 수밖에 없다. 선교사가 살아온 문화에서는 용납할 수 없는 일이 현지에서는 당연한 듯이 일어나고 있기 때문이

초등학생들의 쉬는 시간
쉬는 시간에 운동장에 놀러 나오는 아이들 표정은 어디나 같다.

다. 그래서 어떤 영향력 내지 리더십을 발휘해 선교할 대상의 생
각과 문화를 바꾸기 위해 노력하게 된다.

선교사가 이처럼 현지인의 문화에 변화를 시도하려는 첫째
이유는 변화 자체에 대한 생각의 차이 때문이다.

네팔에서 변화시키고 싶은 답답한 것 중에서 대표적인 것이
교통 문화일 것이다. 그러나 자동차들이 무질서 속에서도 나름
의 질서를 찾고 있고, 또한 그런 자동차가 한두 대가 아니기 때
문에, 외부 사람으로선 할 수 있는 게 하나도 없다.

네팔에 온 선교사들이 변화시키고 싶은 또 다른 것은 이들의
회의 문화일 것이다. 네팔 사람이 모이면 회의의 중심 아젠다를
먼저 말하기보다 신변잡기 털어놓기로 몇 시간을 보내기 일쑤

**청춘을 드려
천국을 산다**

다. 실제 주제로 회의가 진행되는 모습을 보기 어렵다. 회의를 위해 시간을 정해놓고도 지키지 않는다. 한 시간쯤 늦게 나타나는 걸 당연하게 여긴다. 회의 진행도 지지부진하다.

네팔의 이런 회의 문화를 처음 접했을 때, 나는 질겁했다. 나는 학교의 이사장으로서 첫 회의를 소집할 때, 다들 나보다 늦는다는 게 이해가 되지 않아 치솟는 화를 참느라 힘들었다.

늦는 건 그나마 양호했다. 그건 한국에서도 볼 수 있는 경우이니까. 황당한 건 회의가 시작된 다음이었다. 무려 2시간 동안이나 그날의 회의 주제와 아무 상관 없고 쓸데없는 이야기만 늘어놓는 것이었다. 그래놓고 30분 정도 그날의 모임 주제를 대강 나누었다. 진짜 놀랍도록 황당한 일은, 그러고도 결론은 내지 않았다는 것이다. 그런 자리에 앉아 있다 보니, 정신이 지구 밖의 어디로 날아가 버리는 것 같았다.

네팔의 모든 기관이 그러는 것은 물론 아니다. 외국계 NGO나 상급 기관일수록 회의는 서양의 그것과 비슷하게 진행된다. 아젠다 세팅을 하고 매뉴얼을 정하는 등, 우리가 상상하는 회의를 한다. 하지만 선교사가 만나는 사람들과 집단은 서양화되어 있기보다, 보통은 전통적인 공동체 문화와 체면을 중시하는 평민들일 가능성이 많다. '이상한' 회의 문화는 주로 그런 사람들의 것이다.

이해한 다음, 다르게 행동했다

한국에서는 회의 시간에 늦는다는 건 상상할 수 없다. 회의는 회의를 가져오므로 최대한 빨리 결론을 내리려 한다. 게다가 한국 사람은 성질이 급해서, 아무도 결론을 내리지 않으면 "그냥 이건 이렇게 하자" 하는 식으로 끝내려 한다. 하지만 한국에서는 의견을 낸 사람이 반드시 책임을 지는 것이 아닐 수 있다. 말만 하고 말 수도 있다.

대신 네팔에서는 비록 회의 과정은 답답해도, 누군가 결론을 내면 그에 대한 책임을 그 사람이 진다. 그래서 아무도 말을 안 하려는 것이고, 그 때문에 회의 진행도 지지부진해지는 것이다. 한국 같으면 상상하지 못할 회의 문화다. 그들이 회의 시작 시간을 잘 지키지 않는 것도 이유는 같다.

나는 초임으로 온 선교사들이 사역을 시작한 후에 처음 손대는 부분이 네팔의 회의 문화라는 걸 바로 이해할 수 있었다. 이런 이상한 모습에 변화를 시도하고 싶은 것은 당연하다. 하지만 교통 문화처럼 회의 문화를 바꾸기도 역시 쉽지 않다. 본질적으로 바꿀 수 없고, 어떤 의미에서는 바꾸려 들지도 말아야 한다. 그건 그들만의 문화이기 때문이다.

나는 네팔의 문화를 이해한 다음, 다르게 행동하기로 했다. 내가 취한 방법은 그들이 회의할 때 그냥 기다리는 것이다. 요즘엔 회의 시간을 통보받아도 아예 시간에 맞춰 가지 않는다. 보통 30분 뒤에 간다. 그래도 아직 다 와 있지 않을 것이라서 상관없다. 어떤 날은 내가 가장 늦게 가기로 했다. 주변 카페에 가서 커피를 마시며 책을 읽었다. 그러자 한참 뒤에 그들이 내가 어디 있느냐고, 이제 다 모였고 결론을 내려야 하니 오라는 전화가 왔다. 결국 그들과 같아진 것이다.

그게 가능했던 건 내가 선교사로 왔을 때 젊었기 때문 같다. 한국에서 회사 생활이나 교회의 전임 사역을 경험할 기회가 없었다. 물론 그 때문에 실수가 잦았고 미숙했다. 하지만 한국 방식으로 회의를 해본 적이 없는 것이 오히려 역설적으로 네팔에서 유연성을 가지는 장점이 되었던 것 같다.

조급함에서 자유로워지다

선교사가 현지인의 문화, 특히 회의 문화를 바꾸려고 노력하는 둘째 이유는 '시간'에 대한 생각(개념)의 차이이다.

현지인의 시간 개념을 바꾸기 위해 선교사가 시도하는 기존의 방식은 우선 모범을 보이는 것이다. 회의 시간에 가장 먼저 가서 앉아 있는 것이다. 그리고 시간을 지키는 타임키퍼 제도를 둔다든지, 늦을 때마다 벌금을 부과한다든지, 우리가 상상할 수 있는 방법들을 사용해서 우리 방식대로 시간 개념에 대해 변화를 시도한다. 이러한 변화를 시도하는 것이 나쁘다는 말은 아니다. 변화를 주고 싶어하는 우리 내면의 동기를 살펴보는 것이 생각보다 중요하다는 것이다.

변화, 즉 무언가를 바꾸고 싶어하는 내면 속에는 '지금 이것을 하지 않으면 안 될 것 같다'는 조급함이 있다. 조급한 마음이 동반될 때 잘못된 결정을 할 수 있다.

나도 '지금 바로 이때 뭔가를 해야지, 안 하면 큰일 날 것 같다'고 생각하던 때가 있었다. '나에게 무언가 있다면, 누가 도와준다면 이것을 바꾸고 변화를 줄 수 있을 것 같은데'라는 식으로 목적에 사로잡힌 것이다. 하지만 이런 생각을 하기 시작하면, 우리의 결정은 이미 외부 요인에 의해 지배받고 있다고 말할 수 있다. 실제로 어떤 변화를 목적으로 삼아서 지금 내리는 결정이 모든 면에서 맞고 합리적 같아 보이더라도, 우리가 이미 목적에 지배받고 있는 상태에서 내리는 결정에 대해서는 객관적으로 보기 어렵다. 우리가 '몇 년 안에 이렇게 해서 어떤 변화를 이끌어낼 거야'라는 식으로 시간을 한정하고 사건을 바라보는 순간, 우리의 생각과 결정은 노예가 된 상태이다.

나는 20대 시절, 가진 것도 할 수 있는 것도 아무것도 없을 때, '내가 가지고 있는 것이 무엇일까' 고민했다. 그런 생각의 끝에, 나에게는 시간이라는 팩터(factor)가 장점이 될 수 있다고 생각했다.

나는 선교사로서 2022년 기준으로 18년차에 접어들었지만, 아직 40대 중반이다. 30년을 더 해도 여전히 선교사역을 할 수 있는 나이라고 생각했다. 내가 가지고 있는 계획 속에 우리 아이들의 시간과 손주들까지 포함해 빅 픽처(Big Picture)를 그려보니, 내가 가지고 있는 시간의 자산이 100년이 넘어갔다. 우리 가족이 계속 네팔에 살 것이기 때문이다.

내가 100년이 넘는 시간을 가진 자라고 생각하니, 지금 이 시간에 하지 않으면 안 될 것 같은 조급함에서 자유해질 수 있었다. 내 그림이 100년의 시간을 넘어서는 하나님의 약속에 바탕을 둔다고 생각하기 때문이다. 그러자, 지금 보이지 않는 변화가 미래에는 이루어질 수 있을 거라는 약속을 바라볼 수 있었다.

민족의 해방이라는 하나님의 약속이 430년 후에 출애굽으로 이루어지듯이, 하나님이 가지고 계신 시간의 무한정은 인간의 눈으로 볼 수 있는 범위를 넘어섰으리라.

100년 넘는 시간을 가진 가족

지금 언약학교에는 내가 이 학교에 왔을 때부터 거의 같은 세월을 충성스럽게 섬겨온 비샬이라는 교감선생님이 계시다. 우리의 국어 교사에 해당하는 네팔어 교사이기도 한데, 처음엔 시골에서 갓 올라와 영어도 할 줄 모르던 사람이었다. 그때만 해도 그가 이렇게 오랜 세월을 이 학교에서 계속 일하게 될 줄도, 교감선생님이 될 만한 실력이 될지도 가늠할 수 없었다.

내가 이 학교에 왔던 초기에, 차기 교장으로 삼겠다고 마음먹을 만큼 능력있고 똑똑한 교감선생님이 한 분 있었다. 그런데 내가 잠깐 한국에 방문하러 다녀온 사이에 더 좋은 기회와 조건이 있는 학교로 떠나버리고 말았다. 그러자 교장선생님은 두 명의 후보를 천거했다. A라는 공부 잘하고 똑똑한 선생님과 지금까지 일하고 있는 이 비샬 선생님이었다.

나는 교장을 설득해 비샬 선생님이 교감 자리를 잇게 했다. 비샬을 선택한 이유 중의 하나는 그가 충성스럽고 변함이 없을 사람 같았기 때문이다. 그래서 능력과 상관없이 그를 선택했다. 지

웨슬리 선교사님과
2012년, 지도교수님과 함께 방문하신 웨슬리 웬트워스 선교사님(우측 네 번째)이 교사들과 찍은 기념사진.

금은 교장선생님이 될 만큼의 경륜을 가지고 있고 영어도 곧잘 하며, 어느 자리에 두어도 부족함이 없는 실력자가 되었다. 교육학적으로도 탁월한 지혜를 가지게 됐다.

비샬 선생님은 평교사로 일하면서 나와 똑같은 과정을 겪었다. 공부를 해서 전문성을 가지게 된 것이 아니고, 현장에서 일하면서 고민하고 질문을 던지면서 교육학적 답을 찾아가는 여정을 함께 걸어왔던 것이다. 그래서 지금은 탁월한 교사이자 교육철학자가 되었다. 그런 사람이 우직하고 충성스럽게 이 학교에서 계속, 같이 일하고 있는 것이다.

나는 그의 가족 중에서 언젠가 그 집안을 책임질 뿐 아니라 네팔의 교육을 책임질 중요한 교육학자가 나올 것이라고 기대한다. 무엇보다 그는 네팔의 기독교 학교의 미래에 대한 비전을 가장 성실하게 이뤄갈 사람이다. 나의 설교를 매일 가장 성실하게 듣고 기록하며, 그걸 토대로 학교와 교회에서 응용하는 사람이기 때문이다.

우스갯소리처럼 들리겠지만, 내가 아이들에게 우리 가족의 100년이라는 빅 픽처를 말할 때, 비샬 선생님에 대해 이야기하는 것이 있다. 우리 가족이 그의 가족과 후손도 책임지자는 것이다. 나는 아이들에게 100년의 빅 픽처를 말할 때 두 가지를 부탁한다.

첫째 부탁은, 하나님께서 우리 가족을 네팔에 부르신 건 특별한 은혜이므로, 하나님께서 네팔에 어떤 특별한 일을 시작하시기 위해 우리 가족 중에 한 사람을 세우실 때, 그 부르심에 순종하자는 것이다. 우리 아이들이 나중에 결혼하고 자녀를 낳아 가정예배를 드릴 때, 너희의 할아버지, 너희의 증조할아버지가 네팔 땅에 와서 시작한 하나님의 일을 우리 가족 중에서 이어가고 사용하실 거라는 메시지를 자녀와 자녀에게 계속 전해달라는 부탁이다.

둘째 부탁은 비샬의 가족을 우리 가족이 책임지자는 것이다. 내가 지금은 저 사람을 당장 부자로 만들 수 없고 특별히 도와줄 수도 없지만, 저 사람의 가족은 우리 진 씨 가문에서 책임지고 돌본다고 약속하자는 것이다. 저 사람이 충성스럽게 우리와 함께했던 시간을 기억하자고 당부하는 것이다. 이건 그에게 말한 적이 없다. 그저 우리 가족끼리 나눈 이야기이다.

한국어를 가르치는 진짜 이유

우리 가족은 100년의 시간을 바라볼 수 있는 가족만이 계획할 수 있는 벽돌을 차곡차곡 쌓아가고 있다. 물론 우리 아이들이 네팔에서 어떤 분야의 일을 하게 될지는 아직 알 수 없다. 하지만 네팔을 바라보는 눈은 이 아빠가 보는 눈과 비슷하다고 생각한다. 우리 아이들이 반드시 직업적으로 선교사가 된다는 것이 아니라, 그냥 네팔에서 사는 것에 대한 의미와 목적을 공유하고 있기 때문이다.

우리 아이들은 네팔에서 살아가는 것이 당연하다고 생각하고 있다. 나 또한 아이들을 조금 다르게 키웠다. 우리 가족 전체를 네팔로 불러주신 것에 대한 하나님의 특별한 은혜가 있으므로, 특별한 계획도 있으실 것이기 때문이다. 그래서 우리 아이들은 국제학교가 아닌 네팔의 '꽤 괜찮은' 로컬 스쿨에 현지인과 함께 다니고 있다. 내가 괜찮은 학교라고 말하는 기준은 시설과 수준이 높은 학교가 아니다. 5학년까지 시험 없이 자유롭게 공부하는 일종의 혁신학교이다. 이건 나의 가치관과도 상통하는 면이 있다. 시험 같은 과정으로 입증하는 주입식 교육이 아니라, 아이 스스로 알아야 할 것을 찾아가고 깨닫는 자립식 교육을 받기를 원하기 때문이다.

우리 아이들이 언약학교에 다니지 않는 또 다른 이유는 아버지가 이사장이므로 알게 모르게 누릴지 모를 특권에서 벗어나고, 현지인과 동등한 문화를 경험하게 하려는 것이다.

막내딸이 언약학교 유치부를 다닌 적이 있는데, 아빠가 학교에 가니 수업을 하다 말고 뛰어나왔다. 원래 네팔 부모들이 학교에 오면 아이들이 달려나가도 특별히 제지하지 않는 게 이들의 문화이긴 하지만, 아빠가 이사장이라서 더 상관하지 않았을 것 같았다. 그래서 우리 아이들은 다른 학교에 다니게 한 것인데,

그 때문에 간혹 성장 과정에서 네팔 아이들에게도 있는 갈등을 경험하고 힘들어한 적이 있다. 그러나 건강하게 극복하고 현지인과 함께 성장한다는 의미도 찾고 있어서 대견한 마음이다.

내 아이들에게 한국어를 가르치는 목적도 한국어를 잘하게 하려는 것만이 아니다. 한국어로 된 자료에 스스로 접근할 수 있도록 기회를 열어주기 위해서다. 이것은 언약학교에서 네팔 아이들에게 한글을 가르칠 때도 마찬가지로 적용하는 원리이다.

세상에는 다양한 정보가 있는데, 그것에 접속하기 위해서는 언어를 알면 유익하다. 예를 들어, 박사 과정을 통과하기 전에는 반드시 제2 외국어 능력을 검증받아야 한다. 원문을 직접 읽고 해석할 수 있는 능력을 가진 사람을 박사라고 부를 수 있기 때문이다. 그런 개념으로 우리 학교에 한국어 과정을 도입한 것이지, 한국 문화를 전파하려는 의도는 없다.

사실 지금 시대는 번역기만 돌려도 어느 나라 언어든지 그 내용을 어느 정도는 알 수 있다. 하지만 네팔 아이들은 막연한 두려움 때문에 한국을 비롯한 외국 사이트에 접근하지 않으려 하는 모습을 보였다. 나는 그 두려움을 깨고 길을 열어주기 위해, 내 아이들에게는 물론 네팔 아이들에게도 한국어를 가르치는 것이다. 현재 언약학교의 한국어 강의는 아내가 한국어 강사 자격을 취득하여 담당하고 있다.

바둑의 포석처럼

막내딸은 아직 어려서 어떤 생각을 하게 될지 모르지만, 큰아들과 둘째아들은 자신이 네팔에 이바지할 일이 무엇인지 가정예배에서 나누곤 한다.

우리 아이들은 네팔의 먹거리 개선을 위해 스마트팜(Smart Farm) 도입을 생각하고 있다. 채소뿐 아니라, 네팔 같은 내륙에서 랍스터 같은 해물을 양식하는 기술도 개발하기를 꿈꾼다. 그렇다면 네팔의 보통 사람도 가끔은 활어를 맛볼 수 있는 시스템을 만들어주고, 레스토랑을 열 수도 있지 않겠느냐는 제안을 아빠로서 해주기도 했다. 치과의사가 되어 원격으로 진료하겠다는 구상도 한다.

나는 우리 아이들이 학교 사역을 할 것이라고 생각하지는 않는다. 네팔 땅에서 각자 자기 직업을 가지고 살면서, 어떤 일을 하게 될지는 방향과 결말이 열려 있다.

우리는 지금만 살고 없어지는 존재가 아니다. 나에게 시간은 100년 앞을 보면서 한땀 한땀 바둑을 두는 포석과 같다. 중요한 것은 하나님의 목적과 방향이다. 우리 가족은 그 갈 바를 바라보며, 지금 걷는 이 길이 그 길에 이어지는 것인지 매일 매순간 하나님께 여쭈면서 가려고 한다.

PART
3

카트만두에 모인
가정 공동체

08

우리 가족이 받은 은혜

내가 시간을 거슬러 예수님을 만난 때와 장소를 찾아가야 한다면, 초등학교 4학년 때 여름수련회가 열리고 있던 동네 교회로 돌아가야 한다. 교회 다니는 친구가 여름수련회 가보자고 해서 따라갔다가, 수련회 마지막 밤에 십자가에 촛불 같은 것을 세워두고 자기 죄를 적은 종이를 화로에 넣어 태우는 의식 같은 걸 할 때, 나는 예수님께 내 인생을 드리겠다는 다짐을 했다. 나를 초대한 친구는 정작 그 뒤로 교회에서 볼 수 없었다.

어렸지만, 나는 일단 하기로 결심한 것에 대해서는 우직하게 충성하고, 성실하고도 저돌적으로 실행해야 한다는 생각이 있었다. 게다가 우리 세대가 교회에서 배운 '하나님을 위한 가장 큰 헌신은 선교사가 되는 것'이었다. 하나님께 가장 좋은 걸 드려야 한다면, 내가 드릴 것은 가장 힘들고 어려운 삶, 곧 선교사가 되는 것뿐이었다.

살아오면서 내 인생이 바람 앞의 촛불처럼 흔들릴 때마다 주님이 나를 붙잡아주셨는데, 그럴 때마다 선교사가 되기로 다짐

했던 그 수련회의 마지막 날 밤을 생각한다. 그리고 다시 가려고 했던 곳을 향해 달려 나간다.

내 성격은 지금도 어릴 때와 마찬가지로, 일단 목표가 정해지면 뒤돌아보지 않고 불도저처럼 앞으로 달려가는 편이다. 그런데, 이런 내가 네팔의 학교에서는 정반대의 스타일로 살고 있다. 밀어붙이지 않고 변화시키려 하지 않으며, 답답해도 말하지 않는 걸 영성으로 여기고 꾸준히 기다린다. 원래의 내 성향과 정반대로 사역하고 있는 것이다. 이건 내게 열린 성품의 새 열매라고 생각한다.

하나님이 나를 헤아리시고 인정하시는 부분은 선교사로서의 내 업적이 아니다. 선교사의 제자도와 제자화라는 측면에서 보면, '선교사가 원래 가지고 있던 성품을 뛰어넘어 새로운 성품을 가지는 것이 선교의 열매'라는 생각이 내게는 있다.

내 성품 가운데 새롭게 변한 부분이 바로 하나님이 카운트하시는 것, 곧 성령의 능력으로 맺힌 선교의 열매이다. 나는 이제 저돌적이지만 말하지 않는 영성, 이 두 가지의 성품을 동시에 소유할 수 있고 자유롭게 사용하는 사람이 됐다.

선교사가 되는 길에 있는 학교

내가 한동대학교를 다니기로 선택한 건 선교사가 되겠다는 어릴 때의 마음이 그때도 있어서였다.

한동대학교에 가기 위해 공부해야 한다는 다짐을 벼락처럼 하게 된 날은, 하나님께 씨름하듯 내 인생을 놓고 기도하고 있던 고3 초기의 어느 날이었다. 공부는 안 되고 방황은 되고 해서, 기도원에도 다녀오던 무렵이었다.

우연히 화장실에서 신문을 보다가 한동대학교 신입생 모집 광고를 보았다.

"Why not change the world!"

"한 손에는 전공지식을, 한 손에는 성경을 가진 하나님의 사람을 길러내겠습니다."

이 문구들이 나를 뒤흔들었다.

초등학생 시절엔 전교 1등 아니면 성적이 아닌 줄 알던 내가 고등학생이 되어서는 사춘기를 앓고 있었다. 부모님은 나를 완벽주의 성격이 되도록 키우셨는데, 고등학생이 되어서는 완벽하게 해내지 못하는 나를 보고 나에게 절망했기 때문 같다.

내가 일등이 되지 못한다는 것에 대한 열등감은 스트레스가 되어 역류성 식도염을 일으켰다. 위산과다에 신 트림이 올라와 밥을 먹을 수 없었다. 그러던 참에 본 한동대 신문 광고가 내게 불을 지른 것이다. 이 학교에 가야 내 꿈이 이뤄질 것 같고, 이 학교가 선교사가 되는 길에서 내가 건너야 할 다리 같았다.

일단 결정하면 불도저가 되는 성격이 발동했다. 입시를 보기까지 실제로는 반년쯤 남았을 땐데, 거의 잠도 자지 않고 죽어라 집중해 공부했다. 예상보다 높은 성적이 나왔다. 반에서 15등에서 20등 사이에 머물던 성적이 졸업할 때는 2등이 됐다. 나는 기적이었다고 생각한다. 객관식 시험에서 모르는 건 찍기만 했는데, 거의 다 맞았기 때문이다.

한동대학교에 자신있게 지원했다. 그러나 떨어졌다. 수도권 대학도 아니고 지방의 논밭 한가운데에 있는 학교인데, 초창기 유명세가 있어서인지 갑자기 속도를 낸 나의 공부 결과로는 넉넉한 합격이 어려웠던 것 같다.

하지만 결국 합격했다. 신입생 550명을 뽑는데, 합격자 중에서 입학을 포기한 학생들이 있어서, 추가 합격 대기 명단에 있던 내가 합격한 것이다. 아마 꼴찌는 간신히 면한 합격이었을 것이다. 그래서 은혜라고 여겼다. 내가 공부를 아주 잘하고 똑똑해서 이 대학에 들어간 건 아니었다.

'한동의 아들'의 기도제목

나는 한동대학교를 다닐 때, 존재감이 전혀 없는 학생이었다. 일단 공부하기가 너무 벅찼다. 그건 간신히 합격한 내 실력 때문이었다. 모든 강의가 영어로 진행되고 교과서도 대부분 원서인데, 그걸 예습하고 강의를 따라가기 바빴다. 공부 잘하는 동기들이 하루 4시간 공부해서 충분했다면, 나는 8시간을 해도 힘들었다. 성격도 시라소니처럼 혼자 다니는 스타일이고, 메이저에 속하기보다 마이너처럼 지내려는 감성이 컸다.

무엇보다 생활비를 스스로 벌어야 하는 상황이었다. 당연히 동아리 활동 같은 건 상상할 수 없었다. 기독교와 관련된 모임에서 나를 아는 사람이 전혀 없었던 건 내가 참여하지 않았기 때문인데, 그런 데 관심이 없어서가 아니라, 갈 시간이 없어서였다.

코로나 때문에 끊긴 일이 됐지만, 그 전까지만 해도 대략 10년간 해마다 여름방학과 겨울방학 때, 유엔 산하 기구가 교환 수업을 지원하는 프로젝트에 참가하기 위해 한동대학교 교수님과 학생들이 네팔을 방문했다. 그럴 때마다 그들이 나를 소개받고, 나는 그들을 돕고 안내하는 역할을 했다. 나를 본 교수님들이 하시는 말씀이 모두 같았다.

"너 한동대 출신 맞냐? 학교 다닐 때는 몰랐는데, 여기서 이런 일을 하고 있다니 놀랍고 감동이다!"

김영길 총장님이 살아계실 때, 네팔을 방문한 교수님 가정이 나를 추천해 포항의 총장님 자택을 방문한 적이 있었다. 총장님이 네팔에 한동대 같은 기독교 대학을 세우려고 알아보시다가, 네팔의 선교사 중에 내가 있다는 소식을 들으셨기 때문이다.

내가 학교 다니던 시절엔 멀리서만 뵙던 분을 만난다니 너무 떨려서, 아파트 초인종을 누르면서도 들어가서 무슨 이야기를 어떻게 해야 할지 몰라 주절거리기만 했던 기억이 있다.

총장님은 내가 학창 시절에 보았던 모습 그대로 나를 격려하셨다. 집을 나설 때, 총장님이 지갑을 꺼내 차비에라도 보태라시며 현금을 다 털어주시던 따뜻한 손길을 잊을 수 없다.

훗날, 나는 김영길 총장님께 이메일로, 총장님이 가셨던 기독학교의 길에서 영향받아, 여기 네팔에서 한 단계 더 나아가는 발길을 내딛고 있다는 편지를 썼다. 그런 인연으로, 총장님의 부인 김영애 사모님이 한동대학교 이야기를 쓴《하나님의 산 역사 갈대상자》의 후속편으로《구름기둥》을 내실 때, 한동대 출신의 글을 모은 부분에 내 글이 포함되었다.

최근에 드림교회에서 개최한 선교사힐링캠프에 갔다가 깜짝

김영애 사모님과 함께
선교사힐링캠프에서 김영길
총장님의 사모님을 만났다.

게스트로 오신 김영애 사모님을 만났다. 인사를 드렸더니 "우리 한동의 아들 기억한다"며 반겨주셨다.

한동대학교에서 보낸 시간의 추억과 김영길 총장님에 대한 기억이 없었다면 지금의 언약학교가 나아갈 방향성도 없었을 거라는 생각이 든다. 네팔에서 기독교 학교를 한다는 것에 대한 내 나름의 생각은 있지만, 부끄럽지 않은 제자가 되고 싶다는 기도제목은 변함이 없다.

동생이 나보다 네팔을 더 좋아한다

내가 대학생 때부터 그랬지만, 네팔에 선교사로 오기로 했을 무렵에도 우리집의 경제 형편은 좋은 편이 아니었다. 대학교를 다니는 동안에도 등록금 외에는 집에서 주는 용돈이 거의 없어서, 내가 학교 인근의 포항시에서 간신히 얻은 과외 아르바이트 수입이 쓸 수 있는 생활비의 거의 전부였다.

나는 과외비를 받으면, 그걸로 대형마트에서 할인하는 레토르트 음식, 이른바 '1분 카레' 같은 걸 박스로 샀다. 그걸 기숙사 구석에 있는 전자레인지에 데워, 하루 한번 제공되는 학식에서 몰래 더 퍼온 밥에 비벼 먹는 게 하루 두 끼 중 하나인 저녁밥이었다. 기숙사에서 하루에 한 번 아침이 제공되는데, 자율로 밥을 풀 때 2인분을 담아 비닐봉지 같은 것에 담아둔 걸 저녁에 데워 먹는 것이었다. 그렇게 학교를 다녔다.

　내 동생은 나보다 어려운 상황에서 학교를 다녀야 했다. 대학도 편하게 다니지 못했다. 집의 형편이 그렇게 어려울 땐데, 형이 덜컥 부모님과 자기를 두고 먼저 결혼해서 네팔에 가버리니 야속했을 것이다. 한동안 연락이 뜸했다.

　그러던 어느 날, 동생과 연락이 됐다. 나는 동생에게, 네팔에 와서 형이 사는 모습도 보고, 이래저래 조카도 볼 겸 한번 놀러오라고 지나가는 말처럼 했다. 뜻밖에 동생이 오겠다고 했다. 그때 일이 너무나 감사한데, 동생이 나보다 네팔을 더 좋아하고 즐기는 것이었다. 네팔이 동생 체질에 딱 맞았다. 돌아갈 생각을 하지 않았다.

　더 감사한 일은, 동생이 네팔 한인교회에서 멋진 자매를 만나연애하고 결혼한 것이다. 코이카 단원으로 네팔에서 봉사하던 사람인지라 네팔을 사랑하는 건 말할 것도 없었다.

　결혼식은 한국에서 했지만, 동생 부부는 네팔에서 살기로 했다. 그리하여 우리 형제는 가족 모두 네팔에서 살게 되었다. 동생 부부는 아들 '이서'를 곧 낳았는데, 조카가 세상에 나온 2010년에 우리도 둘째 '이현'이를 출산했다. 동갑의 사촌은 쌍둥이처럼 친한 사이가 됐다.

　나는 동생의 네팔 정착을 위해 초기에는 네팔 대학교에 진학하게 도왔다. 하지만 영어와 네팔어로 하는 공부가 쉽지 않고,

무엇보다 적성에 맞지 않았다. 동생은 그래도 네팔에 계속 있고 싶었다. 다른 방법을 찾아야 했다.

네팔에 오기 위해 제빵사가 된 어머니

내가 평소에 관심을 두고 본 것은 네팔 사람들이 빵을 좋아한다는 것이었다. 이들은 아침 식사로 거의 다 토스트를 먹는다. 다만 네팔의 빵은 밀가루에 글루틴 함량이 적어 쫄깃하지 않고 바삭거린다. 그래서인지 네팔에서 찾아보기 힘든 빵이 도너츠였다. 도너츠가 아예 없진 않지만, 우리가 아는 맛의 도너츠는 없었다. 동생에게 도너츠 장사를 권했다. 이참에 어머니가 오시면 도움이 되겠다 싶었다.

나는 어머니에게 네팔에 오시라고 권했다. 다만 그냥 몸만 오시지 말고, 제빵사를 얼른 찾아서 제빵 기술을 배운 다음 오시라고 했다. 제빵사 자격증 따기 전에는 올 생각도 마시라 했다. 내가 어렸을 때, 문제를 다 풀기 전에는 방에서 나올 생각 말라고 하시던 어머니가, 이번에는 반대로 아들에게 공부하고 오라는 소리를 들으셨다.

어머니는 요리를 잘하시고 손도 빠르시다. 내가 남자이지만 요리를 곧잘 하고 네팔에서도 동생과 동역자들과 함께 식당을 경영하면서 현지 재료를 활용해 음식을 만들 수 있는 것도 어머니에게 받은 유전 같다.

어머니는 속성으로 제빵 기술을 배우고 2008년에 네팔로 오셨다. 그렇게 해서 동생과 어머니와 같이 만든 카페 겸 베이커리가 이곳에서 10년을 넘기면서 자리를 잡아 카트만두는 물론 네팔에서 소문난 카페가 됐다. 카트만두 젊은이들 사이에서 모르는 사람이 없을 정도가 됐다. 동생은 네팔에서 성공한 사업가가 됐고, 지금은 내가 그의 형이라고 소개하는 게 오히려 편할 때가 있다.

최근에는 주메뉴를 도너츠에서 컵케익과 김밥으로 전환했다. 네팔에도 한류가 유행하면서 김밥이 폭발적으로 판매되기 시작했다. 그래서 이제는 김밥으로도 유명한 집이 됐다.

카페의 경영과 카운터 관리는 주로 동생 역할이지만, 주방의 일은 어머니와 동생의 아내 몫이다. 어머니가 둘째 부부와 사시면서 운영하고 있기 때문에, 우리는 동생 부부가 얼마나 고마운지 모른다. 특히 아내에게는 동서가 말로 표현 못할 만큼 귀하고 고마운 지원군이다.

동생의 취미는 산악자전거이다. 트래킹이 유명한 네팔에서는 자전거 여행도 발달했는데, 동생은 산악자전거를 프로에 가까운 실력으로 탄다. 한국에서는 정작 그렇게 자전거를 탄 적이 없는데, 여기에서는 자전거를 직접 조립하고 수리하는 수준이 됐다. 그 덕분에 현지인들을 동호회를 통해 많이 알게 되었다. 이제는 나보다 네팔 사람을 더 많이 안다.

　나는 의외로 사람을 많이 사귀는 편이 아닌데, 동생은 사교성이 좋아서 인맥이 매우 넓다. 그래서 내가 동생에게 신세를 질 때가 있다. 풀 수 없는 문제나 어려움에 봉착하면 동생의 지인 찬스를 사용하는 것이다. 예를 들면 자동차 등록을 갱신해야 하는데, 오랫동안 바쁘게 지내다 보니 세금을 누락한 문제가 있었다. 네팔은 세금을 내는 방법이 복잡하기 때문에 놓칠 수 있는데, 그게 쌓여 골치가 아파진 걸 동생의 지인이 해결해주었다.

　좀 '선교사스럽지' 않은 고백이지만, 나는 네팔 현지인 가운데 아는 사람이 그리 많은 편은 아니다. 언약학교 교직원들 외에는 잘 모른다. 현지인들이 내가 이런 학교에서 일하고 있다는 것조차 잘 모를 때가 있다. 늘 숨어다니듯 일하다 보니, 우리 학교에 외국인이 있다는 사실을 사람들이 알지만, 그게 나라는 걸 아는 사람은 적은 편이다.

　반면에 동생은 수많은 네팔 사람들과 관계를 맺고 사는 편이다. 게다가 동생의 친구들은 대개 부자이다. 산악자전거 취미를 즐길 정도의 네팔 사람이면 대부분 상류층이기 때문이다. 그래서 네팔 사회의 고급 정보를 듣게 되는데, 그 덕에 나도 네팔에 대해 깊이 알 수 있는 기회를 얻는다.

우리 가족이 네팔에서 받은 은혜

처음에 도너츠를 제안한 것은 나이지만, 그걸 사업으로 성공시키고 실제로 구현해낸 건 동생이다. 거기에, 어머니가 카페를 오픈하기 전에 오셔서 열악한 현지 밀가루로 빵을 개발하신 것이 시너지 효과를 냈다. 어머니는 밀가루를 반죽하실 때 기도하신다. 아버지도 어머니가 오신 지 3년쯤 뒤에 오셔서, 결국 우리 가족 3대는 네팔에서 같이 살게 되었다. 다만 아버지는 네팔에서의 생활이 무료하셔서, 몇 해 뒤에 서울 집으로 돌아가 혼자 사시는 친구 한 분과 노인 남자들만의 공동체 생활을 하고 계시다.

어머니는 나이가 70이 넘으셔서 네팔 언어를 배우기는 어렵지만, 그래도 현지인 직원들과 소통하는 데는 별 어려움이 없다. 어머니는 직업적인 선교사는 아니지만, 카페에서 네팔 사람들과 관계를 맺으며 선교적인 삶을 살면서 영향을 주고 계시다. 직원들이 아프거나 힘든 일이 있으면, 어머니는 한국말로 "내가 기도해줄게" 그러시며 기도해주신다. 그걸 현지인이 듣고 이해하는 걸 보면 신기하다. 이런 어머니에겐 두 아들이 전부였다. 그래서 어머니도 여기 네팔에 와서 꿈을 이루셨다고 말하신다. 아들 옆에서 사시는 게 꿈이었기 때문이다.

우리 어머니가 네팔에 오셨을 때는 60대 초반이었는데, 그 나이에 오셔서 일흔을 넘긴 지금도 잘 살고 계시다. 보통 나이가

들면 선교지에서 살기 어렵다고 말한다. 깊은 고독감과 외국인
과의 관계에서 어려움을 느끼기 때문이다. 하지만 네팔에서 아
들 부부와 손자들까지 보시면서 선교하는 마음으로 살고 계시
니, 그런 문제를 느낄 겨를이 없으신 것 같다. 선교지에 가족이
있다는 건 선교사로 하여금 외롭지 않게 해주는 축복이다.

　우리 가족이 네팔에서 받은 은혜가 많다. 그런 만큼 우리 가족
은 더 충성해야 한다는 생각을 하게 된다.

　특히 아이들에겐 네팔이 이방 국가처럼 여겨지지 않는다. 부
모와 삼촌과 숙모는 물론 조부모님도 같이 살고 있기 때문이다.
가족과 함께 살고 있기에 아이들이 안정감을 느끼고, 힘들고 어
려울 때는 서로를 도와줄 수 있다. 네팔이 가족과 함께 사는 공
간으로 인식되는 것은 우리 가족에게 큰 은혜이다.

09

진실로와 오시내의 행복 이야기

이 챕터는 '진실로'의 아내 '오시내'가 썼습니다.

원래 저 오시내는 남편을 만나기 전까진 엄청 평범한 아이였습니다. 태도는 바르고 별문제 없는데, 머릿속에 다른 생각이 하도 많아서 수업시간에 생각이 마구 날아다니고, 그래서 공부는 그저 그랬던 아이였지요.

교회는 유치원 때부터 다녔습니다. 외삼촌이 지금은 부산에서 목회하시는데, 군대 계실 때 엄마에게 전도하셔서 엄마가 '교회는 다녀야지' 생각은 했지만, 아빠가 안 믿으셔서 저희 남매만 보내셨거든요.

이사할 때마다 엄마가 집 근처의 교회로 보내주셨는데, 작은 교회여서 중학생 때는 주보 만들고, 고등학생 때는 임원 하고 찬양 인도도 했어요. 교회에서도 바르게 앉아 있고 시간 맞춰 잘 가니까, 선생님들이 이것저것 역할을 맡게 하셨습니다.

구원하심이 내 눈물에 있지 아니하며

대학은 한성대학교 경영학과에 들어갔는데, 겁이 많아 혼자서는 도무지 학교 생활을 못 할 것 같았어요. 대학 문화에 압도될 것 같고⋯. 그래서 외삼촌에게 전화해서 "삼촌, 나 기독 동아리 들어가야 할 것 같아"라고 상담하니, 외삼촌이 잠깐 생각하시곤 "그럼 CCC로 가"라고 하셨어요.

그 무렵에 아버지가 지인의 전도를 받으시고 한영교회 사경회에 참석하셨습니다. 그러시더니 "우리 가족이 다 이 교회 간다면 나도 교회 다니겠다"라고 하셨어요. 이 교회가 나중에 제가 남편을 만난 빛소금교회로 이름이 바뀌거든요.

동생이랑 나는 다른 교회 다니고 있었지만, 아빠가 그러시니까 옮기지 않을 수 없었어요. 왜냐하면, 아빠가 구원받고 교회 다니시는 게 제가 줄기차게 울면서 간절히 바란 기도제목이었거든요.

나는 아빠가 지옥 갈까 봐 무서웠어요. 부흥강사 같은 분이 하신 말씀을 잊을 수 없었어요. 믿지 않는 영혼을 위해 기도하는 눈물이 차고 넘치면 그 영혼이 구원받는다는 말씀이었거든요. 전 그 말을 곧이곧대로 믿었어요. 복음과 하나님의 구원을 오해한 거죠. 그래서 아버지 생각하고 기도하면 울기만 했는데, 가족이 다 이 교회 다니면 아빠도 교회 다니겠다고 하시니 안 옮길

이유가 없었던 거죠.

그 시절에 부른 부흥 찬양곡의 가사에 이런 게 있었습니다.

"구원하심이 보좌에 앉으신 (하나님의) 어린양(예수님)께 있도다!"

아버지의 구원이 내 눈물에 달린 게 아니었네요! 우습게도 그 찬양을 통해 아버지의 구원 문제에서 제가 자유해진 지 일 년만에, 아빠가 구원받으셨던 겁니다. 그래서 다니던 교회 목사님에게 사정을 말씀드리고, 우리 가족이 모두 한영교회를 다니기 시작했습니다.

정작 저는 그때부터 교회에서 봉사하거나 청년부 같은 부서에는 들어가고 싶지 않았어요. CCC 활동을 하는 것만으로도 제에너지가 빠듯했기 때문이에요. 전공 공부하러 대학교를 다니다기보다 선교단체 활동하러 다니는 것 같았을 정도였거든요. 그래서 교회를 옮긴 다음부터는 엄마 아빠와 함께 '어른 예배'만 드리기로 했습니다. 아빠가 말씀 듣고 기도할 때 눈 감고 머리 숙이는 것만 봐도 너무 은혜가 됐거든요.

어느 날 예배 마치고 집에 가려는데, 그때 청년부 담당 목사님이 어떻게 아셨는지 교문 앞에서 제 앞을 가로막으셨어요. 교회가 학교 강당이었으니까, 집에 가려면 교문 앞을 지나가야 했거든요.

"너 CCC 간사라며? 너 같은 애가 청년부 안 오면 어떻게 하냐? 당장 와라!"

사람들이 다 쳐다보는데, 한 10분을 '와라', '안 가요', '무슨 소리냐' 하는 실랑이를 한참 했던 것 같아요. 결국 제가 졌죠. 목사님을 어떻게 이겨요?

"이번 주는 좀 생각해보고요. 이렇게 끌려가듯 가는 건 아닌 것 같아서요. 가더라도 다음 주부터 갈게요."

다음 주에 목사님과 한 약속대로 청년부에 갔습니다. '저 사람'이 있더라고요. 남편은 그때 제대한 지 얼마 안 되었을 때라 짧은 머리를 노랗게 염색하고, 청남방에 까만색 롱코트 차림이었습니다. 저를 보더니 대뜸 말을 놓았어요.

"우리 청년부에서 나랑 동갑인 사람 네가 처음이다. 우리 둘뿐이야."

인사하자고 손을 건네는데, 저야 속으로 '이런 애가 있나 보다' 했지 별 관심 없었어요, 솔직히, 진짜!

저는 청년부에 나가면서도 처음엔 하는 일이 별로 없었습니다. 그런데 이상하게 자매들이 저를 가만 두지 않는 거예요. "언니, 언니" 하면서 성경공부 인도해달라고 오고, 다들 환대해주는 분위기였어요. '내가 다른 교회 다니다 이 교회 온 건데, 뭘 믿고 이렇게 나를 신뢰할까?' 신기했어요. 목사님도 나를 바로 리더로 세워주려 하셔서, 저는 교회 생활도 회복하고 청년부에서 자리를 잡아나갈 수 있었습니다.

너는 저 애랑 결혼할 거야

얼마 뒤, 청년부에서 방글라데시로 단기선교를 가게 됐는데, 저는 여러 번 선교 다녀와서 경험이 있었지만, 그 교회 청년부는 처음이었어요. 남편이 그때 총괄 리더와 형제들을 이끄는 역할을 맡고, 저는 자매들을 챙기는 리더로 임명됐어요. 저는 한국에 있을 때보다 선교 갔을 때 더 편하고 즐거웠기 때문에, 그 교회에서 단기선교를 준비할 때 너무 좋고 설레기만 했답니다.

저는 바쁘게 살기보다 약간 여유롭게 사는 게 맞는 것 같아요. 그래서 선교지에 가면 굉장히 편했어요. 방글라데시 가서도 시골 교회에서 보는 밤하늘의 별이 얼마나 예쁜지, 마지막 날 밤엔 불빛 하나 없는 교회 마당에서 혼자 컵라면과 바나나를 먹으며 하늘을 쳐다보고 있었어요. 그때 제 주변에 남편과 몇몇 청년들이 있었는데, 컵라면과 바나나를 같이 먹는 걸 신기하게 보더라고요. 저는 "컵라면과 바나나가 얼마나 궁합이 잘 맞는지 몰라서 그래!" 하며 아랑곳하지 않았죠.

그런데 문득, 그 순간에 정말 엉뚱한 생각이 제 속에 훅 들어왔습니다. (말해드려도 안 믿으실 거지만.)

"너는 '실로'랑 결혼할 거야."

어머, 이게 무슨 소리일까요? 이런 게 '하나님의 음성'인가요? 젓가락으로 라면을 들 때 들은 말이라 더 황당했어요. 그때 남편과 저는 정말 따로 만난 적도 연락한 적도 없는, 그저 교회 청년부 동기 사이였을 뿐이었거든요.

'얘랑 뭘 한다고요?'

남편을 슬쩍 쳐다봤는데, 딴 데 보고 있더라고요.

남편은 자매들에게 잘해주었습니다. 사실은 전체 지체들 각각을 잘 챙긴 리더였죠. 단기선교 가서 전체 일정 챙기고 목사님도 잘 보필하지만, 형제들이나 자매들이나 어디 안 좋은 것 같으면 불편한 것 하나 없게 해주는 사람이었어요. 그러니까 좋아하는 사람 많았고, 당시 한동대 다닌다 그러면 인정도 받고, 말 잘하고, 또 노래도 엄청 잘 해요. 여기 네팔 와서 한인회에서 송년의 밤을 하는데, 온 지 2,3년 되었을 때 오라 해서 갔다가 '거위의 꿈'인가 혼자 서서 불렀는데 3등 했거든요. 그런 사람이라 쳐다보는 자매들도 많았을 건데, 저는 그런 '경쟁' 같은 거 싫어하거든요. 그래서 그냥 그런 '이상한 소리'를 들은 것 같아도 잊어버렸죠.

단기선교에서 돌아와 사역한 것들을 정리하느라 교회에서 한두 번 만난 다음, 남편은 한동대에 내려갔어요. 군대 다녀와 정식으로 복학한 거죠. 그런데 내려가서는 뜬금없이 제게 전화를 자주 하는 거예요. 서울 있을 때는 전화 한번 안 하더니, 포항 가서는 아침에 하고 점심에 하고 저녁에도 하는 거예요.

저는 그때까지 연애를 해본 적이 없었습니다. 혼자 누구 좋아

해본 적은 있었지만, 전화 주고받고 그런 건 처음이었어요. '이 남자가 이런 사람이니까 여자들이 좋아하나?' 하는 생각만 했죠. 그러다 그해 9월, 추석 연휴에 남편이 올라왔어요. 한번 보자 해서 만났죠. 버거킹이었나, 식당에서 만난 다음 밖으로 나왔는데, 비가 내리기 시작했어요. 그런데 우산이 하나밖에 없었네요. 남편 거였던 거 같은데, 저는 그냥 기분이 너무 좋았어요. 말 잘 통하고 신앙도 같은 친구랑 맛있는 거 배불리 먹고 나왔는데, 제가 좋아하는 비도 오고 그랬으니까요.

저는 기분 좋으면 잘 흥얼거려요. 남편이 귀가 예민해서 같은 노래 반복해서 듣는 거 싫어하는데, 저는 반대로 필 꽂히면 하루 종일 그 노래만 반복해서 부르거든요. 그날도 그랬던 것 같아요. 혼자 그냥 좋았어요. 그런데 갑자기 남편이 뒤로 빠지는 거예요. 전 계속 우산 쓰고 걸어가는데 남편은 잠시 서니까, 제가 왜 그러냐고, 와서 같이 우산 쓰자고 잡아당겼어요. 그리고 저는 계속 걸어가는데, 갑자기 남편 손이 제 어깨에 툭 올라오는 거예요. 놀라서 어떻게 할지 몰라 한 15분인가 20분인가, 그냥 그렇게 걸었던 것 같아요. 같은 동네 살아서 각자 집들이 가까워지는데, 이게 뭘까, 무슨 말을 언제 해야 하나 고민만 하다, 그날은 헤어졌습니다.

다음날도 만났습니다. 경복궁 부근에 가자는 거예요. 길동에서 광화문까지 지하철 타고 아무 말 없이 갔는데, 카페에 앉자마자 뜬금없이 하는 말이 "나는 결혼할 생각이 없다"는 거예요. 독신주의자래요. 나도 결혼할 생각이 없다고 했죠. 제가 진짜 독신주의자였거든요. 결혼이 여자에게 약간 불리한 제도라는 생각을 하고 있었고, 겁도 많았기 때문이에요. 그러자 남편이 하는 말이 "그럼 우리 만나보자" 그러더라고요.

그때 우린 대학생이었고, 앞날도 불확실하고 결혼에는 아무 관심없지만, 서로에게 도전을 주는 만남 정도는 괜찮겠다고 생각했던 것 같아요. 그리고 남편은 포항 내려가 있고 저는 서울에서 간사 사역하고, 1년 넘게 둘이서만 연락하고 가끔 만났는데, 이상하게 주변에서 다 알게 되었습니다.

그러니까 주변에서 물어봐요. "누가 먼저 사귀자 했냐?"고. 저는 당연히 "둘이 같이 사귀자고 그랬지" 하고 답했는데, 그 순간 남편이 눈을 크게 뜨면서 "무슨 소리야? 네가 사귀자고 먼저 나 끌어당긴 거 아니었어?" 하는 거예요. 그러면서 자기가 먼저 시작한 게 아니었다고 극구 부인하는 거예요. 저는 황당해서 따져 보자 했죠. 알고 보니 오해가 있었네요.

저는 그냥 기분이 좋아 흥얼거린 건데, 그런 저를 보며 남편이 이런 생각이 들었대요.

'이 친구는 혼자서도 행복한 애다. 얘 인생에 내가 끼어들지 말아야겠다.'

남편은 혼자 선교사로 나갈 생각을 하고 있었다고 해요. 그래서 뒤로 물러선 건데, 내가 그냥 아무 뜻 없이 "비 맞지 마" 하며 끌어당긴 걸 사귀자는 사인으로 봤던 거래요. 그래서 잠깐 고민하다가, '여자가 이렇게 나오는데 받아줘야지' 생각해서 어깨동무를 한 거였다고 해요. 나 참, 서로 완전히 오해한 거죠. 1년 반이 지나 그걸 알고서, 둘이 얼마나 충격을 먹었는지….

그런데 말이에요, 그렇게 오해하지 않았다면 저희 부부, 오늘 여기까지 오지 못했을 거예요. 진짜 하나님 은혜예요. 하나님이 우리 둘을 너무 잘 아시거든요. 저도 누구 인생에 끼어드는 사람이 아니에요. 그러니까 서로 그런 오해가 없었다면, 결코 서로에게 들어가지 않았을 거예요.

저도 남편이 선교사 될 거라는 걸 당연히 알고는 있었습니다. 다만 선교사가 왜 되겠다고 하는지는 물어보지 않았습니다. 저도 이미 간사로서 살고 있었고, 선교사처럼 후원받는 삶을 살고 있었거든요. 그러니까 우리는 선교사가 된다는 것에 대해 서로에게 설명하고 설득할 필요가 없는 사이였습니다. 이런 걸 보면 천생연분, 하나님이 맺어주신 게 분명한 것 같아요.

하나님, 만족하세요?

제가 CCC 간사가 되기로 결심한 건 대학을 졸업하고 집 근처에 있는 학원에서 강사 아르바이트를 하고 있었을 때인데요, 학원

일에서 가치와 보람이 느껴지지 않았습니다. 졸업하고서 일하고 있는 그 상황이 행복하지는 않았나 봅니다.

하루는 혼자 학원 사무실에 있는데, 형광등 불빛 쳐다보며 하나님께 원망 같은 기도를 했어요.

"하나님, 만족하세요? 지금 이렇게 찌그러져 있는 나를 보시면서 만족하시냐고요?"

믿지 않는 학원 원장님은 주식 알아보는 전화 맨날 하시고 땅 보러 다니기만 하는 세상적인 분이었는데, 저는 너무 초라한 거예요.

'나는 주를 위해 일했다' 하는 생각이 제게 있었던 것 같습니다. 하지만 저는 주님을 위해 일한 것이 아니었어요. 내 이름을 위해 한 일이었죠. 사람들이 내 이름을 들으면 신실하고 충성된 사람이라는 칭찬과 인정을 해줄 걸 바라서 그렇게 살았던 것이었어요. 주님을 위해 일한 부분도 조금은 있었겠지만, 나를 위하는 마음도 있었던 것이죠. 그때 제 상황과 신세가 마치 스바냐서에 나오는 찌꺼기 같았습니다.

그때에 내가 예루살렘에서 찌꺼기 같이 가라앉아서 마음속에 스스로 이르기를 여호와께서는 복도 내리지 아니하시며 화도 내리지 아니하시리라 하는 자를 등불로 두루 찾아 벌하리니 _습 1:12

제 실제 상태는 찌꺼기 같은데, 그런 나를 사람들은 정말 귀하게 여겨주는 거예요. 교회에선 가장 신뢰받는 언니 대접을 받았고요. 하지만 저는 그런 사람 아닌데, 신세가 찌꺼기 같은데….

그때 사실 제게 하나님에 대한 원망이 있었어요. 내가 하나님을 위해 나의 모든 걸 소진해서 일했는데, 지금 내 꼴이 이게 뭔가 싶어서 그랬나 봐요. 공황장애에 우울증까지 왔던 상태였습니다. 집 밖이 무서웠습니다. 공황장애와 우울증에 걸리면 그렇게 된다 그러더라고요. 사람들이 다 나를 노려보고 있는 것 같았죠. 그래도 아무 일도 안 할 수는 없으니까, 직장을 집 바로 앞에 잡아서 뛰면 1분이면 갈 수 있었어요.

그랬는데, 그날 하나님이 제 마음에 사랑을 가득 부어주셨어요. 너 찌꺼기 아니라고, 너는 보물이라고, 너를 내가 너무 사랑한다고….

학원 사무실에서 얼마나 울었는지…. 그날 하나님이 부어주시는 사랑을 느끼면서 제가 치유되었던 것 같습니다.

그 무렵에 CCC 간사 제안을 다시 받았습니다. 원래는 졸업하기 전에 간사 하라는 제안을 받았지만 거절했었거든요. 학생 땐 선교단체 생활을 주로 해서 제가 할 수 있는 건 간사밖에 없다고 생각했고 진로도 그렇게 정해져 있었는데, 정작 그 길로 가고 싶지는 않았기 때문이에요.

하나님의 사랑과 부르심을 느끼면서, 학원을 나와 CCC 간사를 다시 지원했습니다. 다행히 뽑혀서 사역하게 되었는데요, 그러다 남편이 선교사 지원을 하면서 결혼하게 된 것입니다.

결혼식을 준비하는데, 남편이 "우리는 평생 후원받고 살아갈 사람들이니까 결혼식에서 축의금을 받지 말자"고 하는 거예요.

결혼식장이 교회 예배당인 한영고등학교 강당인데, 그날 아침 10시에 정전이 됐습니다. 알고 봤더니 그날 낮에, 그 지역에 전기 공사가 예정돼 있던 걸 몰랐던 거예요. 저희가 전기 잘 안 들어오는 네팔 가려고 그런 일을 겪었나 보죠?

하여튼 전기 없이 결혼식은 할 수 없으니까, 사방팔방 연락해서 알아보니 한국전력에서 전기차를 보내줄 수 있대요. 대신 조명과 방송장비만 켤 수 있고, 에어컨은 전기차 전력이 약해 못 쓴대요. 그래서 땀 뻘뻘 흘리고 결혼식을 했습니다. 하객이 한 500명은 됐던 거 같아요.

이런 옛날 이야기를 하면 남편은 '우리가 그랬나' 그래요. 에어컨도 안 나오는 어두운 강당에서 휴대폰 라이트 켜고 장의자 옮기느라 땀 뻘뻘 흘린 청년부 지체들 빚을 갚을 길이 없습니다.

선교사로서 가장 행복한 시간

저희가 네팔 가서 처음엔 윤하영 선교사님 집에서 살았는데, 돌아가신 다음에도 그 집에서 2년 가까이 더 살았어요. 그러니까 돌아가신 분의 물건을 쓴 거잖아요. 유품을 정리하면서 정말 많은 생각을 했던 것 같아요. '나는 뭘 남기고 살아야 하나.' 요즘도 가끔 그런 생각을 해요. 네팔에서 일주일밖에 같이 있지 못한 사이이지만, 우리가 나중에 천국에 가면 윤 목사님이 가장 먼저 우리를 반기러 버선발로 뛰어오시지 싶어요.

윤 목사님이 이 학교 사역을 얼마나 열심히 하셨는지 저희는 잘 압니다. 학교와 학생에게 필요한 일이면 아끼지 않으셨고, 연세가 많아도 잠시도 쉬지 않으셨어요. 열정적이고 부지런하시고, 머릿속에는 학교밖에 없으셨지요. 꿈은 엄청나게 커서 대학교까지 만들겠다고 하셨거든요. 그래서 늘 바쁘시니까 슈퍼마

진실로 오시내 부부
2023년 봄, 오랜만에
한국을 방문해서 만난
벚꽃이 반가웠다.

켓을 가도 당신이 늘 사던 것 말고는 마켓에 뭐가 있는지 아무것도 모르시더라고요. 당신의 생존을 위해 꼭 필요한 것만 구하셨습니다.

선교사님이 돌아가시자 모든 것이 어렵게 되었지만, 한편으로는 남편과 단둘이 신혼생활을 하는 상황이 되기도 했습니다. 양가 부모님 안 계시고 어디도 의지할 데가 없는 곳에서, 진짜 둘만 살아가야 했습니다. 그래도 같이 네팔어를 배우고, 동네 구멍가게에서 달걀 사오면서 네팔을 알아가는 시간이 행복했습니다. 네팔과 함께 신혼 시절을 보내는 기분이었죠. 그럴 때가 선교사로서는 가장 행복한 시간이었던 것 같습니다.

우리가 서툴게 말해도 네팔 사람이 알아들으면, 우리가 한 말을 저들이 알아들었다고 뛸 듯이 기뻤죠. 그렇게 살고 있는데, 임신이 됐습니다. 살던 집이 학교에서 더 아래쪽에 있었어요. 그때만 해도 언덕 길이 포장이 안 돼 있어서, 임신 후기가 되어가니까 더는 다니지 못하겠더군요. 그래서 냉장고와 세탁기만 가지고 이사를 했습니다.

아기를 낳을 때가 다가오는데, 한국에 들어가야 한다는 말을 주변에서 했어요. 하지만 제가 아기를 처음 낳는 거라 그런지 뭘 몰랐나 봐요. '애는 내가 낳는 건데, 한국에서 낳든 여기서 낳든, 내가 아픈 건 똑같잖아? 게다가 애를 낳겠다고 지금 한국에 돌아가면 온 지 1년만에 또 가는 거잖아' 하는 생각이 든 거예요.

그래서 네팔에서 낳자고 결심했습니다. 죽는 줄 알았어요.

네팔 병원 복도에서 아기를 낳았습니다. 병실 안은 화장실 냄새가 나고 산모들 침대가 붙어 있어서 복잡했는데, 복도는 한가해서 오히려 다행이었어요.

네팔 아기들이 머리가 작아요. 그래서 네팔 산모들은 진통이 오면 조금 우는 소리를 내는 정도인데, 저는 악을 썼죠.

네팔 남자 의사가 진찰하면서 조용히 하라(Be Silence!)고 말하며 겁을 주던 눈빛을 아직도 잊지 못합니다.

둘째는 안식년 때 한국에서 낳았어요. 그러면서 한국 의술의 차이를 느꼈습니다.

아내 선교사로서의 고민

저는 네팔에 온 초기엔 남편을 따라 학교에 매일 갔습니다. 아침에 남편이 설교하는 걸 교사들과 같이 들었죠. 그런데 어느 때부턴가 '이건 아니다' 하는 생각이 드는 거예요. 제 입장은 나도 남편과 마찬가지로 선교사로 온 거니까 학교에 같이 간다고 생각한 건데, 입장을 바꿔 생각하니까 교사들 보기에 제 모습은 이사장의 부인이 매일 같이 출근하는 것이었어요. 이사장이 매일 설교하는데, 그 부인이 자기들과 같이 앉아 있는 게 한국에서는 없는 일이잖아요.

그때는 남편이 교장선생님을 만날 때, 저도 같이 만나곤 했습니다. 하지만 교장선생님의 부인은 학교에 나온 적이 없었습니다. 선생님들이 특별히 말한 것은 없지만, '이분들이 불편하겠다' 하는 생각이 제게 든 겁니다. 그 다음부터 저는 집에 있기로 했습니다. 집에서 기도하면서 남편이 잘 다녀오도록 돕는 주부가 되기로 한 것이죠. 그리고 제가 공식적으로 과목을 맡는 교사가 되기 전에는 학교에 가지 않았습니다. 지금은 제가 맡은 한국어 시간에만 학교에 가고 있습니다.

물론 선교사로서 결혼한 여성도 남편과 동등한 사역자입니다. 그러나 이 학교에 이사장으로 임명된 사람은 남편이지 내가 아니니까, 현지인이 보는 관점에서도 나의 처신은 그래야 한다고 느끼고 내린 결정입니다.

그 결정을 하기 전까지, 저도 한 사람의 사역자로서 살고 있다는 개념이 컸던 것 같습니다. 결혼하고 아내가 된다는 것, 그리고 여자의 역할로서 아이를 돌보고 집안일을 하면서 남편이 밖에서 사역하는 존재가 될 수 있도록 돕는 일의 가치, 그런 걸 잘 몰랐던 것 같아요. 그 대신 '나도 같이 사역해야지, 나도 여기에 사역하러 왔으니까' 하는 생각이 컸던 것 같습니다.

네팔이 지금은 여성의 지위가 높아졌지만, 저희가 갔을 때만 해도 그렇게 높지 않았습니다. 철저하게 남성 중심 사회였어요. 여기서 제가 임신했을 때나 아이를 낳은 다음에 택시를 잡으려

하면 잘 태워주지 않았는데, 남편하고 같이 다닐 때면 남편이 손만 조금 들어도 택시가 섰어요. 그러니 우리가 네팔에 처음 왔을 때만 해도 여자 혼자 뭘 하기가 힘든 사회란 걸 잘 모르고 날마다 학교에 같이 갔으니 이상하게 보였을 게 뻔한데, 그런 눈치가 없었던 것 같습니다.

그때 제가 더 이상 학교에 따라가지 않고 주부와 엄마로서 살기로 결정한 건 잘한 일 같습니다. 하긴 2년 간격으로 아들 둘 낳은 엄마였기에, 그럴 수밖에 없는 상황이기도 했지요. 지금은 유치원 다니는 막내딸도 있어서 자녀가 모두 2남 1녀인데요, 처음에 2년 차이로 아들 둘을 낳고 키울 때는 정말 정신이 없었습니다. 한번은 큰아들이 초등학교 2학년 때 자전거를 타다 넘어져서 팔이 부러졌어요. 그때 네팔 코이카 단원으로 와 계시던 한국 의사들 도움을 많이 받았습니다.

아들 둘 키우는 집은 대개 힘들다 하시던데, 전 좀 특히 힘들었던 것 같아요. 왜 그런가 했더니, 역시나 애들 아빠 유전 때문이었어요. 남편이 그런 이야기 안 했죠? 저희 시어머니께서 우리 남편이 어릴 때 유별났다고 그러셨어요. 남의 집 간장독에 뭘 집어넣지를 않나, 친구 집 문이 열려 있으면 살짝 들어가서 신발 한 짝씩만 가져와 놀이터 모래밭에 묻어두질 않나, 단독주택 살 때는 대문 옆의 창고 위로 세발자전거 들고 올라가, 거기 계단을 타고 내려오려다 굴러떨어져서 입 찢어지고 다리 다치고, 아휴,

우리 이안이가 다친 건 아빠에 비하면….

그렇게 아이들 키우면서 남편이 학교 일 하면 저는 뒤에서 돕고, 식당 사역도 같이 하면서 한 10년쯤 지난 어느 날, 이런 깨달음을 얻었습니다.

'내가 하는 이 밥을 내 남편이 먹고 나가서 사역하게 하는 일이 내가 하는 일이다. 이 밥으로 내 가족을 먹이는 게 이들의 하루를 연장시키는 일이다.'

그렇게 살아왔는데, 둘째가 좀 컸을 때 학교에서 아이들 수학을 가르칠 수 있는 기회를 줘서 1년 반 정도 가르쳤고요, 지금은 코로나 기간에 이수한 한국어 지도교사 자격증을 가지고 한국어를 가르칠 수 있어서 너무나 감사한 마음을 갖고 있습니다. 코로나가 아니었다면 그 자격증을 딸 수가 없었을 테니 오히려 감사합니다.

남자 입에 여자가 넣어줘야 할 말

마지막으로 남편 흉 좀 봐도 되죠? 하루는 제가 설거지하다 그릇을 깼어요. 그러자 남편이 달려와서 하는 말이 "왜 그랬어?"였어요. 너무 화가 나더라고요. 그러면 "괜찮아? 어디 다친 데 없어?" 하는 말부터 해야 하는 거 아닌가요? 저 혼자 깨진 그릇 조각 치우고 바닥 닦느라 한 40분을 쪼그려 앉아 있으면서 부아가치미는데, 치워줄 것도 아니면서 그런 실수를 왜 했냐고 그러니 결국 화가 치밀어 남편과 싸웠습니다.

"당신이 치울 것도 아니면서 '왜 그랬냐'부터 말하면 어떡해? '괜찮냐'고, '안 다쳤냐'고 먼저 물어봐야지!"

남자에게는 여자가 듣고 싶은 말을 입에 넣어줘야 합니다. 안 그러면 남자들은 몰라요. 그다음부터 그런 일이 생기면 우리 남편 입에서 무조건 "괜찮아?"가 먼저 나옵니다.

남편 흉을 보니까 우리 남편이 제 눈에 멋없어 보일 것 같죠? 아니에요. 저희 아이들에게 세상에서 누구를 가장 존경하냐고 물어보세요. 틀림없이 "우리 아빠요" 하는 답이 나올 겁니다. 저도 그래요.

남편은 말씀을 삶의 모든 상황에서 최우선의 지침으로 삼고 삽니다. 매일 학교에서 설교하기 위해 말씀을 묵상해서 그런 것이기도 하지만, 치열하게 말씀을 연구하고 묵상하면서 상황을 해석하려 애쓰는 모습이 귀하게 보입니다. 그것 때문에 가장 먼저 그 혜택을 보는 사람이 바로 아내인 저입니다.

남편이 학교에서 돌아와 제게 가장 먼저 해주는 말이 말씀 묵상 내용일 때가 가장 많았던 것 같아요. 학교에서 말씀을 전하러 가는 길에 문득 깨달음이 오면 그걸 교사들에게 전하고, 학교에서 돌아오자마자 그날 깨달은 부분을 흥분하면서 제게 설명하는 겁니다. 가끔 남편이 들려주는 말씀 묵상 내용이 너무 좋아서 제 스마트폰 녹음기에 녹음해 둔 것이 여러 개 있을 정도입니다.

남편에게서 귀하다고 여기는 또 하나의 모습은 그가 예수님을 진실로 사랑하고, 선교사로 살아가기로 어려서 다짐한 결심에 평생을 드리고 있다는 사실입니다.

우리 어머니가 남편 어릴 때 교육에 진심이었다는 말은 들으셨지요? 보통이 아니셨다고 해요. 문제집을 아들 방에 넣어주고 문을 잠그셨답니다. 다 풀고 다 맞출 때까지 문을 열어주지 않으신 거예요. 그 덕분에 초등학교는 물론 중학생 때까지 시험 볼 때 전 과목에서 한 개 틀리면 큰일이라 했을 정도래요. 그러니까 친구가 없었겠죠. 그 성격이 대학교에 가서도 이어진 것 같은데, 하여튼 초등학교 4학년 때 교회 갔다 와서 예수님을 믿은 다음부터는 예수님이 유일한 친구가 되어주셨다고 해요.

남편은 공부하면서 힘들고 외로우면 그 방에 있는 유일한 친구, 예수님을 바라봤다고 해요. 예수님이 유일한 친구였던 것이죠. 그래서 '예수님이 제일 좋아하실 게 뭘까, 내가 뭘 하면 예수님이 좋아하실까?' 생각하다가 선교사가 되기로 결심했다는 겁니다. 남편이 직업으로는 의사도 되고 교수도 되고 싶었는데, 그건 다 직업이 아닌 선교사가 되기 위한 도구로 생각한 것이었다고 해요. 결국 하나님께서는 남편이 의사와 교수가 되는 길을 거치지 않고, 서른도 되기 전에 그를 선교지로 재빨리 보내셨지요.

감당할 수 없는 사랑을 받을 때

사람이 변한다, 혹은 변하지 않는다는 말은 제게도 늘 키워드가 되는 삶의 주제입니다. 저도 사역을 했던 사람인지라, 사람이 말씀으로 어떻게 변할 수 있는지를 오래 고민했습니다. 하루는 남편이 제게 이런 이야기를 했을 때 감동이 밀려왔어요.

"사람은 감당할 수 없는 사랑을 받을 때 변한다. 그 외의 방법으로는 변화되기 어려운 것 같다."

이런 말은 적어두어야겠지요? 아까도 우리 결혼식 때 일을 남편이 기억 못 한다고 했는데, 자기가 한 이런 멋진 말들을 다 기억 못 하는 것 같아서 가끔 제가 녹음도 하고 적어두기도 한답니다. 남편이 깊이 묵상하고 해주는 말이 좋아서, 저는 남편이 말씀 묵상한 것을 나누는 일, 그러니까 남편의 설교 듣기를 기뻐합니다. 우리와 동역하는 최 선교사 부부도 제 남편의 설교 듣기를 기뻐하지만, 남편의 설교를 가장 좋아해주는 팬은 반드시 저일 거라 자부합니다.

저희 부부가 네팔에서 선교사역을 하고 있는 이 삶이 행복한 이유 중 하나가 바로, 하나님의 말씀 때문이기도 합니다. 선교사로서 저희 부부, 그래서 네팔에서 행복합니다.

10

선교사의 아들이 MK들에게

이 장은 저자의 큰아들 이안이 쓴 것입니다.

저는 진실로 선교사의 큰아들 진이안입니다. 이 글을 쓰고 있는 지금(2022년)은 고등학교 11학년생입니다. 고등학교는 남부러울 것 없이 아주 잘 다니고 있지만, 중학교 다닐 때는 그러지 못한 것 같아요.

제가 5학년에서 6학년으로 올라갈 때, 갑자기 엄청나게 먹기 시작해서 하루가 지나기 무섭게 살이 쪘어요. 5학년 때까지 친하던 친구들이 다른 반으로 흩어지면서, 6학년이 되자 시간이 지날수록 제 외모에 대한 지적이 새로운 친구들에게서 쏟아졌어요. 저는 그럴수록 위축되고, 자신감이 바닥을 치고 말았어요.

네팔이어도 학생은 학생이고 똑같이 사춘기를 지나가요. 감정이 여러 가지로 복잡해지고, 남을 외모로 판단하는 분위기가 형성되더라고요. 친구 그룹에서는 제가 이상하게 밀리는 느낌이 들었습니다. 친구들 사이에서 다양한 막말을 듣고, 제가 버려

지는 느낌이었어요. 제 마음이 약한 모습을 친구들에게 보이니까, 저를 만만하게 본 것 같아요.

6학년이 되고 7학년이 되면서, 운동을 잘하는 아이들이 점점 인기를 얻는데, 저는 살이 찌면서 운동 신경이 느려졌어요. 그 후로는 너무나 힘들었어요. 반에서 축구를 할 때 아무도 저를 같은 편 선수로 안 뽑는 건 당연하고, 심지어 축구팀의 선수 숫자가 10명이 되지 않아도 저는 그냥 배제당하기 일쑤였어요. 그러니까 아무것도 못 하는 상황이 되더라고요. 그럴 때 선생님이 팀에 넣어줘도 소용없었어요. 아이들이 저를 뛰지 못하게 했으니까요.

한번은 배드민턴 게임을 준비하고 팀도 다 정해진 상황에서, 저랑 한 팀이 된 친구가 저와 게임 하는 걸 거부하더라고요. 질 것 같아서였겠죠. 차라리 혼자 하는 게 낫겠다고, 그런 말을 다른 아이들한테 하는 걸 제가 들었어요. 그렇게 폭풍 속을 지나는 것처럼 힘든 시간이었는데, 지나가긴 지나가더라고요.

이제 고등학교에서 12학년이 되면서, 저는 매우 만족하며 학교를 다니고 있습니다. 중학생 시절에는 아이들이 미숙하고 잘 몰라서 제게 그랬던 것이라고 지금은 생각합니다. 그때는 항상 힘들었고 행복하지 않았지만, 제가 그런 학교생활을 하면서 성장할 수 있는 기회가 된 것 같기는 합니다.

부모님의 관심과 사랑 덕분에

제가 그 시간을 버티고 넘어갈 수 있게 힘을 준 것이 무엇인지 누가 묻는다면, 저는 주저 없이 부모님의 관심과 사랑이라고 말하고 싶습니다. 학교에서는 힘들었어도, 집에 돌아와 엄마한테 그날의 모든 걸 이야기하면 들어주셨는데, 그것이 도움이 많이 된 것 같아요.

아빠는 친구처럼 저와 놀아주셨어요. 다른 부모님들은 싫어하는 게임을 아빠는 같이 해주셨어요. 그래서 학교에서 느끼지 못했던, 친구들과 노는 행복을 집에서는 느꼈어요.

부모님의 사랑 못지않게 저의 마음을 치료해주었던 중요한 시간은 주일 저녁에 가지는 아빠와의 예배 시간이었어요. 그 시간에는 학교에서 속상했던 일들을 솔직하게 나눌 수 있었어요. 그러면 아빠는 제 이야기를 들어주셨고, 그에 맞는 말씀을 전해주셨어요.

하나님 아버지께서 성령을 통해 우리를 자녀로 삼아주신 그때부터, 우리 삶의 모든 시간은 하나님 아버지의 시간에 포함되는 것이라고 말씀해주신 적이 있습니다. 그것이 하나님께서 우리를 아들로 삼아주신다는 뜻이고, 우리가 슬퍼하는 시간과 기뻐하는 시간 모두 하나님의 시간에 포함된다고요. 그게 하나님의 사랑이라고요. 그런 것처럼, 아빠 또한 아빠의 삶이 아들인 저의 삶을 빼고는 설명할 수 없다고 말해주셨어요. 감동이었죠. 그런 식으로 매주 가정예배에서 아빠를 통해 듣는 말씀 덕분에, 힘든 학교생활을 이겨낼 힘이 제 마음속에 생겼던 것 같습니다.

MK 친구들, 힘내자!

제가 힘들었던 이야기를 아빠의 책에 쓰는 이유는, 저처럼 외국에서 선교하거나 살아가고 있는 부모님 때문에 외국에서 살아가는 아이들에게 조금이라도 도움이 되고 싶어서입니다.

아이들마다 사는 나라에 따라 상황이 다르겠지만, 제가 그랬던 것처럼 현지인과 함께 다니는 중학교와 고등학교에서 그다지 좋은 시간을 보내지 못하는 친구들이 만일 있다면, 자기만 그런 것이 아니라는 걸 부디 알면 좋겠습니다.

제 또래의 친구들이 제가 그랬던 것처럼 어려운 일을 겪고 있다면, 이 글을 읽고 힘을 내기 바랍니다. 지금은 좀 힘들겠지만, 시간이 지나면 좋은 친구들을 만날 수 있다는 희망을 가졌으면 좋겠습니다.

친구들의 부모님들에게 드리고 싶은 제 의견도 있습니다. 제가 그랬던 것처럼 힘든 시간을 보내는 사춘기 아이들은 자기 마음을 자기도 모를 수 있어요. 그래서 가끔은 아주 답답한 모습도 부모님께 보여드릴 거예요. 그럴 때 부모님이 힘드시겠지만, 가장 힘든 건 그 아이 자신이라는 사실을 기억해주세요.

　말도 안 되는 말을 하는 것 같더라도 사랑으로 들어주시고, 힘든 시간을 이겨내도록 응원도 많이 해주시고요. 또 가끔 힘든 시간을 잊을 수 있도록, 즐거운 시간을 만들어서 같이 계셔주시면 힘을 내는 데 많은 도움이 될 거예요. 우리 부모님이 제게 해주신 것처럼 말이에요.

11

공동체가 되어가는 팀 사역

우리 부부의 네팔 선교사역에서 빼놓고 이야기할 수 없는 동역자들이 있다. 이들은 나이로나 사역 기간으로 보나 후배이지만, 우리의 동역자로서 네팔에서 살고 있는 최 선교사 부부이다.

두 사람 중에 네팔에 먼저 왔던 이는 아내인 이 선교사다. 그녀는 원래 우리 부부가 다닌 빛소금교회 청년부의 후배이다. 2013년 1월에 단기선교차 보름간 방문했다가 그해 8월부터 언약학교의 유치원 교사로서 사역했다.

최 선교사는 중앙아시아에서 농아인 선교를 해오신 아버지 최건웅 목사님의 영향을 받아 일찌감치 선교사역을 해온 사람이다. 아버지가 농아 선교를 하게 되신 건 서울의 농아 인터넷 카페에서 알게 된 뮤지컬 선교단의 단장님 덕분이었다.

우즈베키스탄에서 사역중이던 이민교 선교사님을 먼저 알게 된 뮤지컬 선교단이 우즈벡에 갈 때, 최 목사님이 동행하면서 이 선교사님과 친해지셨다. 그리고 아들에게 이 선교사의 장애인 사역에 동참해볼 것을 권했다. 그래서 2008년에 우즈베키스

청춘을 드려
천국을 산다

탄의 농아센터에 갔다. 마침 그 센터에서 장애인의 자립을 도울 겸, 비즈니스로서의 선교 차원에서 두부 공장을 준비하고 있었다. 최 선교사는 중국에 가서 두부 기계 사용법을 배웠고, 우즈베키스탄에서 한동안 장애인을 섬기는 사역을 했다. 그리고 본격적으로 장기선교사가 되기 위해 말레이시아에서 열리는 GP선교사 훈련을 받았다. 2011년에 한국으로 돌아와 DTS 훈련을 받았고, 몇 년간 GP선교회의 간사로 일했다.

하루는 이민교 선교사님이 그에게 전화해 만나는 자매가 있냐고만 물으셨다. 없다고 했더니, 얼마 후 네팔에서 사역하는 자매가 있으니 서울 어디에서 언제 만나라고 하셨다. 그 자매가 바로 이 선교사였다. 나와 이민교 선교사님이 이 부부 사이에 다리를 놓은 것이다. 그래서 2014년 7월에 만나 그해 10월에 결혼하고, 다음 해에는 GPTC 선교사 훈련을 받았다. 부부는 선교 훈련을 받던 중이던 3월에 2주간 네팔을 방문했고, 7월에 첫째 아들을 출산했다. 그리고 2016년 3월 4일, 네팔에 장기 선교사로 파송됐다.

좋은 친구와 집밥

나는 그들이 왔을 때, BAM 즉 비즈니스로서의 선교(Business As Mission)를 연구하던 중이었다. 앞으로 새로운 선교의 모델이 될

이 분야를 최 선교사 가정과 함께하면 좋겠다고 생각했다. BAM은 어디서든 비즈니스를 통해 그 지역에 도움과 변화를 줄 수 있고, 사람들의 공동체를 이룰 수 있는 도구로서도 좋은 모델이다. 또한 선교사의 비자 문제도 해결될 수 있는 일이기도 했다. 그래서 우리는 살고 있던 카트만두의 외곽 지역에 공동체로서 음식점을 열기로 했다.

우리는 함께 보나체라는 이름으로 식당 겸 카페를 오픈하였다. 마침 빛소금교회 출신의 다른 형제 한 사람이 바리스타 공부를 하고 네팔에 와서 카페를 열 준비를 하던 참이었다.

식당을 겸한 보나체는 우리 부부와 최 선교사 부부, 그리고 그 청년을 합해 다섯 명이 동역했는데, 같은 교회 출신이 아닌 사람은 최 선교사뿐이었다. 나는 낮에는 학교 일을 하고 저녁엔 식당 일을 거들었다.

보나체는 스페인어로 좋은 친구(good friend)라는 뜻이다. 친구를 뜻하는 스페인어 체(che)와 좋다(good)라는 뜻의 라틴어 보나(bona)의 합성어다. 중남미의 혁명가 체게바라의 체가 같은 단어이다. 보나는 라틴어에서 건강한 아름다움을 의미한다. 이 식당의 이름은 현지인들과 좋은 친구로서 함께하자는 의미로 지은 것이다. 그런데 네팔 사람들은 보나체를 네팔어로 이해하였다. 알아보니 네팔의 한 종족의 고대 언어 중에 보나체가 있는데, 그 뜻이 놀랍게도 '집밥'이었다.

보나체는 우리 두 선교사 가정의 공동체 사역이자 팀 사역이 되었다. 그들 부부를 내 사역의 조수나 후계자처럼 여겼다면 단순히 학교의 보조교사나 허드렛일을 시키는 일부터 시작하게 했을 것이다. 하지만 나는 그들에게도 네팔 학교에서 현지인들에게 적용한 것처럼 다른 개념으로 도움을 주고 싶었다.

나는 보나체에서 요리의 레시피를 개발하고 주방에서는 최선교사가 요리를 주도했다. 나는 요리에 일가견이 있는 어머니 덕분에 요리하기를 원래 좋아했는데, 특히 네팔에서 요리에 관심을 가지게 된 건 인도와 네팔 쪽 음식이 내 입맛에 잘 맞지 않았기 때문이다.

선교사라면 현지 음식에 무조건 맞춰야 한다는 게 기존 상식이지만, 나는 거꾸로 현지 음식을 나와 현지인 모두의 입맛에 맞도록 연구하기로 했다. 그렇게 한 이유는 우선 내가 먹을 음식이 필요했기 때문이다.

나는 일단 입이 짧다. 학교 예배 시간에 교사들에게 "나는 네팔 음식을 거의 순교하는 마음으로 먹는 거야"라고 대놓고 말한 적도 있다. 그래서 네팔 사람들은 나를 자기들의 식사 자리에 초대하지 않는다. 대신 나는 네팔에서 맛집이라는 곳을 찾아다녔다. 그러면서 나름대로 현지인의 음식을 나도, 즉 한국인도 먹을 만하게 실험해서 만들었다. 보나체에서 파는 음식은 내가 그렇게 해서 개발한 것들이다. 내가 만든 음식을 현지인이 좋아해줄 때 기뻤다. 먹어보니 맛있다며 단골이 된 현지 손님도 많다.

두 남자가 경험한 '주방의 영성'

최 선교사 부부는 카트만두 외곽의 시골인 버티켈로 이사 가기 전까지 1년 반 넘게 같이 보나체 일을 했다. 식당 일을 하면서 별도의 언어 교육과 현지 적응을 위한 기간을 가질 필요 또한 별로 없었다. 아내 이 선교사는 이미 네팔에서 몇 년간 사역했던 사람이라 네팔어에 익숙해진 상태였다. 홀서빙과 주문은 그녀 담당이라 손님을 응대하고 현지인 종업원과 대화하면서 네팔어는 더 능숙해졌다. 초기에는 최 선교사만 어학원에 다녔다.

최 선교사는 자연스럽게 나와 함께 주방 일을 하기 시작했다. 그 식당이 우리에게 특별했던 건, 선배 선교사의 경험과 영성이 자연스럽게 후배 선교사에게 공유되는 공간이 되었다는 점이다. 주방 일을 주로 남자들이 하면서, 두 남자가 '주방의 영성'이라는 걸 경험할 수 있었던 것도 유익했다.

나는 최 선교사에게 네팔이 어떻고, 여기 사람들은 어떻게 상대하고 일은 어떻게 해야 하는지 등등, 선교사로서 알아야 할 것들에 대해 일일이 말할 필요가 없었다. 주방은 선교학 같은 딱딱한 이야기를 나눌 공간도 아니었다. 나는 파를 자르고 그는 무를 자르면서 같이 요리를 하다 보면, 서로의 차이를 이해하고 더 빨리 친해질 수 있었다. 무엇보다, 내가 생각했던 선교 철학과 경험이 자연스레 전해지고 있었다. 이 과정에서 배울 수 있었던 교훈은 함께 하는 시간이 중요하다는 것이다.

최 선교사가 중앙아시아에서 이민교 선교사님에게 들은 이야기는 '작은 것에 순종하라'는 것이었다. 그래서 네팔에 와서도 '작은 일이라도 순종하는 걸 실천하고 더 배워야지' 하는 마음으로 내 말에 귀 기울여 경청했던 것 같다. 나 또한 최 선교사를 초청할 때, 한국에서 뭘 준비할 필요가 없고, 일단 와서 보고 뭘 할지를 결정하라고 말했다. 나는 그에게 "내가 강을 건널 때, 흔들리는 다리로 건너왔더니 위험하더라. 너는 멀리 떨어져 있더라도 튼튼한 다리로 건너오라" 하는 식으로만 말해주었다. 그렇게 내가 실수한 경험까지 말해주었더니 더 쉽게 적응한 것 같다.

안정적인 일만 하고 만족하기보다 항상 도전할 수 있도록 위를 보게도 했다. 그래서 내가 그들과 있을 때 자주 쓴 단어가 '돌파'였다. 그건 여기에서 내가 처음부터 경험한 키워드였기 때문에 자신있게 말할 수 있는 것이었다.

우리는 선교사로서 도전한 경험을 현지 청년들에게도 말해줄 수 있게 되었다. 최 선교사 부부는 카트만두 외곽의 시골에서 사역하는 도전을 해보았기 때문에, 현지인 청년들이 외국에 가려고 할 때 용기를 북돋워주곤 하였다.

네팔 청년들이 외국에 가면 당연히 돈을 더 많이 벌 수 있지만, 그게 사실 쉬운 일은 아니다. 한국에 가려면 한국어를 배워야 하고 준비하고 도전할 게 많다. 한국 청년들도 마찬가지이지만, 네팔 청년들은 외국에 가기가 좀 더 어렵기 때문이다. 그렇지만 우리가 했던 도전, 즉 한국에서 네팔로 온 과정과 여기서 해내고 있는 일 등을 말해주면서, 그들에게 "너도 할 수 있다"라고 말해주곤 한다.

새로운 사역을 향한 돌파

이들은 네팔에 온 이듬해 8월에 둘째 시아를 출산했다. 그리고 다음해인 2018년에 자동차로는 15분가량 가야 하는 버티켈로

동역의 현장
함께 요리를 연구하는 최재원 선교사와 저자(좌측 사진). 이양수 선교사가 만두 공장에서 현지인들과 김치를 담고 있다(우측 사진).

이사갔다. 최 선교사 부부는 네팔에 오자마자 카페 일을 하다 보니 다른 지역에 가볼 기회가 별로 없었다.

선교사가 없는 곳으로 가서 사역하고 싶었던 참에, 내가 '새로운 사역을 향한 돌파'라는 이름으로 그들에게 도전한 것이 이사를 결정하는 계기가 됐다.

버티켈은 우리가 살던 곳에서 거리는 멀지 않지만 깡시골이나 다름없는 동네였다. 밤에는 치타 같은 야생동물이 돌아다니기도 했다. 그들은 그곳에서 '보나모모'라는 만두 공장과 가게를 열고 현지인을 채용하였고, 그들을 섬기며 복음을 전하였다.

그들이 간 동네는 굿네이버스라는 NGO가 10년 가까이 어린이 개발(child development) 프로젝트를 진행했던 곳이다. 아이들을 일대일로 결연시켜 후원하고, 방과 후 교실을 열어 도서관을 비롯한 지역 개발 프로젝트를 해왔다. 하지만 그 프로젝트가 끝나고 NGO가 철수한 다음 건물만 덩그러니 남게 되었다.

나는 그 지역이 낙후되고 여전히 매우 어렵다는 것을 알고 있었다. 하지만 한국 NGO가 터를 잘 닦아두었다고 판단했다. 씨가 뿌려지고 경작된 곳이니, 이제는 열매 맺는 역할만 하면 될 것이라고 생각했다. 그래서 그곳에서 전략적으로 사역하자고 최 선교사 가정에게 그 지역을 보여주었는데, 그들이 감사하게도 순종하였다.

물론 만만한 사역은 아니었다. 하지만 이 부부가 그곳에서 살면서 거둔 열매는 상상하지 못한 것이었다. 그들은 불과 몇 년만에 만두 사업을 정착시켰다. 현지인 스스로 교회를 설립하는 열매도 거두었다. 만두가게를 통해 과부와 빈곤층 여성에게 일자리를 주는 효과도 있었다.

최 선교사 부부는 처음엔 현지인 가정과 그곳에 같이 갔다. 최 선교사가 살던 집의 주인집 청소를 도와주던 자매와 그의 남편이었다. 그들은 최 선교사 부부와 친하게 지냈고, 신앙생활을 시작한 상태였다. 그 가정은 도움이 필요한 상황에 오래 처해 있었지만, 우리는 "너희도 받기만 할 게 아니라 주는 일을 할 수 있다"라고 그들에게 도전했다. 그 남편은 가구공장의 목수이다. 지금은 버티켈에서 공장을 경영하면서 직원들에게 전도하며 살고 있다.

최 선교사 부부는 버티켈에서 전도를 많이 했는데, 하루는 옆집에서 식구들끼리 크게 싸우는 소리가 들렸다. 그 집의 할아버지가 심장에 문제가 생겼는데, 병원에서도 포기할 정도로 위독해진 상태에서 서로를 원망하며 탓을 하다가 불화가 생긴 것 같았다. 그들이 최 선교사 부부에게 기도를 부탁했고 서로 교제하게 되었다. 선교사 부부는 그 할아버지를 지극정성으로 돌보아 살아나게 해주었다. 그 가정은 선교사 부부와 같이 일하게 됐다. 그 할아버지가 예수를 믿게 되었는데, 힌두교도가 많은 그 동네에 할아버지의 가정을 중심으로 교회가 생겼다.

최 선교사 부부는 그 일을 통해 가정 회복에 대한 소명을 받기도 했다. 그들이 가본 시골 지역은 남편들은 놀고 아내들이 일하고 있었다. 남자의 일거리가 없기 때문이다. 그래서 아이들이 방치되고 있었다. 가정을 회복하려면 일단 여자들이 집에 있어야 할 것 같았다. 만두가게를 연 것은 바로 그 때문이었다. 하지만 그때까지 그들은 만두를 만들어본 적도 장사를 해본 적도 없었다. 그런데 그들을 따라갔던 현지인 자매가 만두 장사를 해보았다고 말했다. 그래서 그곳에서 김치만두를 만들기로 하고 김치 공장도 만들었다. 공장을 통해 현지인을 다수 채용했다. 현지인을 뽑을 때도 선교사 입맛에 맞는 사람이 아니라 현지인이 직접 뽑게 했다. 그 일을 통해 오히려 더 많은 현지인을 만나 전도할 수 있는 기회가 됐다.

최 선교사 가정이 코로나 기간을 포함해 4년 동안 그 동네에서 사역하면서 복음을 전하고 선한 영향력을 끼친 일들을 설명하자면 별도의 책을 써야 할 것이다. 목사도 아닌 30대 젊은 부부가 그런 곳에 들어가 불과 4년도 안 돼 그토록 놀라운 일들을 이뤄낸 것을 보면 대단하다는 생각이 든다. 이 부부는 2020년에 셋째 시온을 출산했는데, 아이 셋을 키우며 그런 사역을 감당한 것도 보통 일이 아니다. 나는 이 부부의 이야기를 선교회에 보고하면서, 만나는 사람마다 와서 보라고 소개한다.

상하관계가 아닌 존중과 책임

우리가 사람들에게 또한 이야기하고 싶은 것은, 우리 두 가정이 이루고 있는 '동역'에 관한 것이다. 우리 관계는 일반적인 선임 선교사와 후임 선교사의 모델과 다르다.

보통 선교사들이 하는 이야기 가운데, 선배의 선교 노하우가 후임 선교사에게 제대로 전달되지 않는다는 고민이 있다. 서양 사람들이라면 매뉴얼을 만들고 역할을 분담하는 방식을 선택하겠지만, 한국 사람은 권위와 위계질서를 따라 일하고, 정과 의리를 중시하는 문화로 관계를 맺을 것이다. 하지만 그런 관계에서 오는 긴장은 선교지에서 팀 사역을 이루기가 어려울 수 있다. 나는 좀 다른 제3의 방식을 만들고 싶었다. 그리스도의 십자가를 중심으로 움직이는 공동체의 길을 만들 수 있을 것이라고 기대했다.

우리 부부는 최 선교사 부부와 함께 일하면서, 무슨 결정이든 그들 스스로 하도록 했다. 우리가 주도하고 싶고 주도할 수 있어도 주도하지 않은 것이다. 나는 우선 뭔가를 먼저 결정해주지 않았다. 그들이 스스로 결정하게 했다. 그렇게 상하관계가 아니었기 때문에 서로 존중하며 오래 같이 해올 수 있었던 것 같다.

우리는 보나체 식당의 운영에서부터 그 원칙을 적용했다. 그래서 우리 두 가정이 함께 해온 세월이 어언 7년이 넘었다. 나는

2022년에 BAM 사역을 후원하는 국제적 기관에 사업계획서를 제출하고 승인받아 자금을 얻어, 언약학교에서 가까운 곳에 4층 건물을 임대했다. 최 선교사 부부가 일하던 시골 지역의 상권이 코로나로 인해 무너졌고, 그 지역의 직원들도 시내로 나와야 할 필요가 생겼기 때문이다. 그래서 자금을 얻어 시내에 건물을 확보하고 새롭게 보나체를 오픈하기로 한 것이다.

보나체 사업계획서를 만들고 건물을 확보하는 자금을 받아온 건 나이지만, 그것을 실제로 운영하는 일은 그들에게 위임했다. 그들이 더 잘할 것이라고 믿기 때문이다. 만약에 잘못되더라도 그들이 걱정할 필요가 없다. 내가 다 책임질 것이라고 말했기 때문이다. 우리가 같이 하는 것이고, 우리가 할 수 있다고 말했다. 그래서 두려움을 느끼지 않고 조급한 결정을 하지 않을 수 있을 것이다. 이것은 우리가 공동체이고 동역자이며, 무엇보다 가족이므로 고통을 분담한다는 개념이기도 하다. 그것이 곧 그리스도의 십자가를 중심으로 하는 공동체의 본질이라고 생각했다.

책임은 내가 진다고 말하지만, 사실 경영에 대한 책임의식은 최 선교사 부부가 더 간절하게 느끼고 있다. 특히 건물 전체 임대료가 만만치 않은데, 네팔의 임대 문화는 3개월치 임대료를 한꺼번에 미리 내는 것이다. 재정이 빠듯할 때 건물주가 선납 요청을 하면 부담스럽다. 그럴 때 그를 설득하는 일은 내 역할이 아니다. 살림꾼인 이 선교사가 나서서 해결(!)한다.

보나체 키즈카페의 풍경
이양수, 오시내 선교사와 보나체의 네팔인들이 한국에서 방문한 손님에게 리본 공예를 배우는 모습.

건물 운영에 대한 아이디어를 내는 것도 그들이다. 건물의 1
층은 보나체, 2층은 키즈카페, 3층은 공유 학원, 4층은 한국의
NGO가 임대해 쓰고 있는데, 키즈카페와 공유 학원에 대한 아
이디어는 내가 낸 것이 아니다.

하루는 보나체 레스토랑 안의 카페 운영권을 현지인 자매들
에게 넘기겠다는 결정을 했다고 나에게 '통보'했다. 네팔 자매들
의 힘으로 카트만두 시내의 소위 '목 좋은' 곳에서 가게를 열기
란 어렵다. 따라서 현지인과 수익을 공유하는 결정을 한 것이다.
이것이야말로 내가 생각해온 선교적 비즈니스의 모델을 최 선
교사 부부가 생각해낸 것이었다.

사실 카페는 음식과 음료를 같이 판매하는 레스토랑 매출에

서 적지 않은 부분을 차지하는 영역이다. 마진이 가장 높은 것이 음료이기 때문이다. 그런데도 그걸 나에게 상의하고 결정한 것이 아니라, 그들이 스스로 정한 것이다. 이러면 보통의 한국 사람들끼리는 관계에 어려움이 생긴다. 이 건물을 얻기 위한 펀드를 내가 받아온 것인데, 이런 중요한 결정을 내릴 때 나를 배제한 것이기 때문이다. 그럼에도 그들이 그렇게 할 수 있었던 것은 첫째로 우리 사이에 신뢰관계가 형성되었기 때문이지만, 둘째는 내가 그들의 결정에 대해 틀리다고 말하지 않고 필요에 따라 성경적으로 해석해주는 역할만 했기 때문이다.

어떻게 하면 돈을 잘 벌어서 자립하고 유지해나갈까가 사업의 목적이지만, 선교사가 하는 선교적 사업은 달라야 한다. 그것에 대해 고민하던 그들이 찾은 해답이 바로 1층 공간의 일부를 네팔 자매들에게 내준 것이다. 그것은 그들과 함께 이 공간의 이윤을 나누는 것이었다. 그래서 보나체 공간이 현지인에게 창업인큐베이터로 사용되는 결과를 낳았다.

후임이 결정할 자유

2층에 키즈카페를 만들자고 한 것도 최 선교사 부부의 아이디어다. 네팔에서 키즈카페라니, 잘될 것 같지 않아서 내 속으로는 반대하고 싶은 마음이었다. 인테리어를 새로 하고 키즈카페에 필요한 놀이기구를 구입하려면 큰 비용이 들 게 뻔했다. 한국에서라면 몰라도, 네팔에서 그게 될까 싶었다.

그런데 그건 내 기우였다. 키즈카페는 이 지역에서 금세 핫플레이스가 됐다. 현지인은 물론 네팔에 와 있는 외국인 가정도 어린 자녀들의 놀이터가 부족한 카트만두인지라 자주 방문하고 있다. 외국 손님들의 국적도 미국, 영국, 독일, 러시아 등으로 다양하다. 그야말로 국제 놀이터가 되었다. 아이들이 노는 동안 부모들은 1층 보나체에 음식과 커피를 주문해서 가져와 먹을 수도 있어서, 키즈카페와 보나체가 시너지 효과까지 얻고 있다. 가만 보면 1층은 가끔 한가해도 2층이 북적이는 날이 더 많다.

3층의 공유공간은 독자적으로 학원 같은 걸 열기 어려운 사람들에게 적은 비용으로 시설을 공유하게 한다는 점에서 좋은 아이디어였다. 지금은 운동 학원 등을 위해 고무 매트가 바닥과 벽에 설치돼 있고, 3층의 일부는 시골의 만두가게를 정리한 최선교사 부부의 생활 공간으로 쓰고 있다.

내가 이 모든 결정 과정에서 잘한 것은 오직 한 가지다. 반대하고 싶어도 반대하지 않았고, 아무 말도 하지 않은 것이다. 그것이 팀 사역을 가능하게 한 힘이었다는 것도 알게 되었다.

팀 사역에서 중요한 것은 후임이 결정할 자유를 선임이 주는 것이다. 후임이 어떤 아이디어를 가지고 와서 무엇을 하든 선임이 그것에 대해 말하지 않는 것을 통해 서로 신뢰를 얻는다. 그 아이디어에 대해 최선을 다하는 모습도 신뢰의 바탕이 된다. 우리 사이에는 심지어 내가 어떻게 하라고 말한 것에 대해 최 선교사가 임의로 바꿔 자기 마음대로 할 자유도 있다. 카페 운영권을 현지인에게 넘긴 것이 그 예다.

사실 우리가 그런 관계를 만들어갈 수 있었던 기초는 같이 주방에서 요리를 할 때부터 만들어지고 있었다. 레시피는 주로 내가 만든 것인데, 최 선교사가 임의로 그것을 바꿀 때가 있었다. 내 생각에 그렇게 하면 맛이 조금 없어질 것 같은데, 내가 하라는 대로 하지 않은 것이 불편해도 나는 말하지 않았다. 결과적으로 그의 변경이 더 나은 결과를 얻을 때가 있었다.

나는 이 위임과 동역의 원칙을 이미 네팔 사람들에게도 적용하고 있었으므로, 한국인 선교사에게 적용하는 것이 전혀 어려울 게 없었다. 결과적으로 위임받은 이들에게 더욱 주인의식이 생기고, 그것이 더 크게 작용해서 자기가 그 일을 책임지고 있다는 자신감도 생긴 것 같다.

그러므로 틀리다고 생각해도 말하지 않는 것, 만족스럽지 않아도 참고 지적하지 않는 것이 팀 사역에서 중요하다. 그렇게 할 수 있는 기본 바탕 중에 하나는 내가 정답이 아닐 수도 있다는 전제가 있다. 내가 모든 걸 아는 것이 아니고, 항상 옳은 것도 아니다. 염두에 둘 일이다.

신뢰 속에 생기는 공통분모

최 선교사 부부는 보나체 건물에서 나오는 수익금의 일부를 언약학교에 장학금으로 보내주고 있다. 그들이 아직 많은 돈을 벌고 있는 것도 아니고, 임대료와 급여 등으로 돈이 나갈 곳이 많지만, 이 선교사가 우리 학교에서 단기 교사로 일했기 때문에 학교에 대한 마음이 있어서인 듯하다. 무엇보다 우리가 공동체이기 때문일 것이다.

최 선교사가 내가 일하는 걸 옆에서 보면서 같이 일하다 보니, 모르는 사이에 서로를 조금씩 닮아가는 것 같다. 최 선교사와 나는 성격이 완전히 반대이다. 하지만 매주 같이 예배를 드리며 영성을 공유하고, 같이 요리하고 식당을 함께 섬기면서 자연스럽게 동질감과 신뢰를 쌓을 수 있었다. 이것은 선교지에서 경험할 수 있는 일종의 시너지였다고 생각한다. 각자 잘못하는 부족한 부분을 메꿔주고 서로를 귀하게 여기면서 사역하다 보니, 그 열매로 아름다운 공동체가 될 수 있었다.

어느 날 네팔의 동료 선교사가 최 선교사와 내게 말했다.

"최 선교사의 말투나 생각이 진 선교사를 닮아가고 있는 것 같다. 도대체 무슨 영향을 주고받는 것이냐?"

나는 특별히 가르쳐준 것이 없다고 답했다. 우리가 뭘 해야 한다고 말한 것이 사실 별로 없었다. 우리도 모르는 사이에 그렇게 된 것이다. 마치 소가 뒷걸음치다 뭘 밟는다는 말처럼, 선임 선교사와 후임 선교사가 식당에서 같이 요리만 해도 될 일이었다. 남자들은 보통 같이 운동하거나 여행을 하면서 친해지는데, 우리는 식당에서 그걸 경험한 것이다. 특별한 대화도 없었지만, 같이 있는 것만으로 충분했다.

신뢰의 공통분모가 생기도록 공유하는 특별한 일이 있기는 하다. 그것이 예배이다. 여기의 주일(휴일)은 양력으로 토요일이라, 한국에서의 습관을 따라 다음날 일요일에는 우리 부부만 모여 한두 시간 동안 예배를 드린다. 그 예배에서도 나의 주 업무는 설교이다. 최 선교사 부부가 고맙게도 내 설교를 듣기를 기뻐한다. 한국어로 듣는 설교가 고프다는 것이 우리 부부끼리 모여 예배를 시작한 계기였다. 그들이 내게 원하는 것이 같이 예배드리는 것이라는 사실이 감사하다.

나는 그들이 고민하고 힘들어하는 주제에 대해 말씀을 해석해주는 역할을 예배에서 감당하고 있다. 물론 내가 그들의 고민을 다 알 수 있는 것은 아니다. 그런데 그들이 고민하던 주제를 내가 어떻게 알고서 말씀으로 해석해주느냐고 말할 때가 있다. 그렇게 말씀으로 삶을 해석해주는 역할을 하다 보니, 팀 사역을 하는 우리 공동체에 필요한 힘을 공급받게 되는 것 같다. 우리는 예배를 통해 보나체 사역이 나아가야 할 방향이 무엇인지에 대한 성경적 해석을 함께하며, 공동체로서 살아가고 있다.

PART

4

새로운 선교 이양과
기독교 교육

12

썸타기와 면역반응과 이양

선교사에게 주어진 궁극의 목표 겸 임무 중 하나를 꼽으라면 이양(移讓)일 것이다. 교회를 세워 목회하든, 언약학교처럼 교육선교를 하거나 비즈니스를 통한 선교를 하든, 언젠가 그 사역을 현지인이 이어가도록 넘겨주는 것이다. 간단한 이유로, 선교사가 평생 그 사역을 하고 있을 순 없기 때문이다.

많은 선교사들이 내게 이런 질문을 하신다.

"어떻게 하면 현지인에게 리더십을 이양하여 현지인이 주인이 되면서 지속적으로 사역을 이어갈 수 있는가?"

이런 질문을 받으면, 나는 학교에서 겪었던 이야기를 들려드린다. 현지인에게 일찌감치 권한을 이양하고, 나는 존재감이 없어졌다는 이야기다. 그러면 대부분의 반응은 "그것 말고는 다 할 수 있을 것 같다"라는 것이다.

전통적인 이양의 모델은 보통 선교사가 은퇴할 무렵이나, 어느 정도 사역의 기둥을 세운 다음에 시작되거나 이뤄지는 것이다. 보통은 현지인이 선교사의 개척 단계에서 같이 출발해 동반자 관계를 이룬 다음, 현지인이 자립(self-supporting), 자전(self-propa-gating), 자치(self-governing)를 할 수 있도록 선교사가 도와서 이양하는 것이 순서이고 방법이다. 하지만 내 경우는 일반적인 이양의 시기와 방식에 비해 시작 지점과 그 방식이 달랐다. 사실상 처음부터였고, 권한부터 넘겨준 것이었다. 어찌 보면 중간단계를 뛰어넘은 '점핑' 같았다. 게다가 나와 맞는 사람과 연결된 이양도 아니었다.

어떤 사역을 누군가와 함께 할 때 나와 맞는 사람, 내 말을 잘 듣는 사람, 혹은 능력이 출중한 사람과 일하면 잘 될 것으로 예상한다. 내 기억에도 우리 학교에 그런 교사가 최소 두 명은 있었다. 똑똑하고 명문대를 나오고 성격도 좋은 사람들이었다. 내가 그런 사람을 선택하고 불편한 교장선생님을 밀어냈다면 어떻게 됐을까? 내가 미숙해서 그랬는지 몰라도, 교장선생님 같은 사람을 선택하면서, 나도 모르는 사이에 처음부터 리더십 이양의 '다르고 새로운' 모델과 이론을 만들어오고 있었다.

힘은 있지만 쓰지 않기로 결정하기

나는 교장선생님에게 행정에 대해 위임하면서, 월급봉투도 그가 교직원들에게 주게끔 했다. 그러자 학교의 재정을 집행하는 사람은 내가 아닌 교장선생님이 된 것으로 보였다. 그건 교장선생님이 학교의 중심이 된 것이고, 학교의 의사결정 과정에서 내가 존재하지 않는 모습이 된 것을 의미했다. 다르게 말하면, 나는 존재하지만 내 힘은 존재하지 않는 것처럼 보이게 된 것이다.

예전에는 모든 돈이 이사장의 손에서 나갔다. 학교의 대소사에 필요한 비용은 물론이고, 월급날이면 이사장이 교사들을 일일이 면담하고 기도도 해주면서 봉투를 건네주었다. 거기에서 힘이 생겼을 것이다. 하지만 나는 힘이 되는 돈은 내 손에서 나가지만, 그 손에서 힘은 빼기로 결정했다.

학교에 돈이 들어오는 경로와 시스템에 대해선 나와 교장선생님만 아는 것이지만, 돈의 집행권과 교사들의 임금 결정까지 교장선생님의 전결사항으로 만들어주었다. 쉽게 말해 학교에 필요한 돈은 외국인 이사장을 통해 들어가지만, 사용하는 권한은 현지인이 가지게 한 것이다. 그리고 나는 학교에서 그림자처럼, 심지어 투명 인간처럼 지냈다. 학교에서 왔다 갔다 하지만, 누구도 내 눈치를 볼 필요가 없게끔 행동했다. 간혹 교감에 해당하는 코디네이터와 교사들이 학교 운영에 관해 내 의견을 물어왔지만, 나는 의도적으로 회피하기를 반복하였다. 교장선생님과 의논하도록 하고, 소소한 결정에는 최대한 관여하지 않았다.

여전히 이사장은 나이지만, 요나단처럼 혹은 종처럼 살기로 한 이상 아니라고 말하고 싶은 일이 생겨도 입을 굳게 닫았다. 그리하여 이사장이 학교에 존재는 하지만, 힘은 존재하지 않는 것 같은 상황이 되어갔다. 그러다 보니 교사들이나 학생들이나 나를 어려워하지 않게 되었다.

교사들의 눈에는 아마도 내가 학교에 있는 것 같기도 하고 없는 것 같기도 했을 것이다. 학교 주변의 동네 사람들까지 나를 지나가는 아저씨처럼 여길 뿐이다. 마치 네팔 골목에서 지나가는 개를 보는 것처럼, 아무도 나를 신경 쓰지 않게 되었다. 그리하여 내 역할은 '착한 동네 형'이 되었다.

내가 생각이 탁월해서 그렇게 할 수 있었던 것이 아니다. 그렇게 할 수밖에 없는 상황이 여기에 준비돼 있었을 뿐이다. 그러니 거창하게 그리스도의 삶을 따르거나 구현해냈던 것이라고 말할 수 없다. 상황에 몰리다 보니 그 상황의 도전에 응할 수밖에 없었던 것이다.

어찌 보면 한동대학교를 다니면서 배운 순수한 교훈이 그런 결정을 가능하게 했던 것 같다. 말씀대로 살자, 말씀대로 살아내자는 것이었기 때문이다. 세상의 방식이 아닌 하나님의 방식으로 살아보자는 슬로건도 한몫하였다. 그래서 나는 '하나님의 방식은 무엇일까?' 하는 질문을 계속 던질 수 있었다. '내가 여기에서 힘 싸움을 하고 조직의 정점에 서서 일이 잘되게 하는 것이 하나님의 뜻일까? 그게 아니고 종이 되는 것, 요나단의 삶을 선택하는 것이 하나님의 방식이라면, 그 길에 도전해보자!'라는 것이 결론이 될 수 있었다.

뜻밖의 유익

내가 힘이 있어도 그걸 쓰지 않고 있다는 사실을 그들에게 증명하는 것은 그들에게서 신뢰를 얻는다는 말이기도 했다. 그러나, 그런 식으로 신뢰를 얻는 '방법'은 솔직히 말해 선교사로서 힘들었다. 특히 이사장으로서 학교에 존재하지만 존재하지 않는 사람처럼 산다는 것은 결코 만만한 일이 아니었다. 이유는 하나였다. 시간이 너무 오래 걸렸다. 몸도 마음도 많이 상했다. 내 경우, 스트레스를 받으니 살이 빠지기보다 찌는 것 같았다. 사실은 부은 것이었는데, 알고 보니 간이 상하고 있었다. 의사를 찾아갔더니 술과 담배를 줄이라는 충고를 들었다. 어이가 없었다.

무엇보다, 그 시간에 선교사로서 정체성에 혼란이 오는 것이 견디기 힘들었다. '나는 누구이고 여기는 어디인가?' 하는 질문을 끝없이 해야 했다. 나는 이사장실이 없어진 다음부터, 교장에게 행정 권한을 위임한 다음에도 이 질문을 한동안 매일 하였다.

교장선생님에게 행정 권한을 위임하고 난 뒤, 내가 학교에 와도 딱히 할 일이 없었다. 아침에 예배를 마친 다음 교사들이 학생 예배와 수업을 하러 가고 나면, 나는 할 일과 갈 곳이 없어서 종일 운동장에 나가 있는 것이 초기의 일상이었다. 학교를 청소하고 잡무를 하는 직원도 나름 자기 자리가 있는데, 이사장 방이 없어서였다. 운동장을 밟으며 기도도 했지만, 남이 보면 일 없는 동네 아저씨가 학교에 와서 그냥 왔다 갔다 하는 모습으로 보였을 것이다.

그런 상황은 나로선 예상되는 모든 '위험'을 짊어지는 일이기도 했다. 학교를 위해 일하고 있지만 겉으로는 하는 일과 힘이 없으니, '이럴 바에야 차라리 한국에 돌아가서 돈 보내주는 일만 하는 게 낫지 않겠나' 하는 생각마저 했다. 그런 생각은 비참한 기분이 들게 하였다. 하지만, 그렇게 된 상황이 뜻밖에 유익한 결과들을 만들어가고 있었다.

우선 내가 학교의 행정 권한을 초기부터 현지인에게 넘기고 힘을 내려놓을 수밖에 없었던 과정이, 결국 나도 그들도 모르는 사이에 이양을 시작하는 것이었다. 모양으로는 행정 권한의 이양이었는데, 결과적으로 선교사로서 이양의 시작이었다는 사실이 유익의 정점이었던 것이다.

교장선생님에겐 익숙한 행정 업무나 잔소리가 내게는 전혀 맞지 않는 일이라는 걸 발견한 건 덤 같은 유익이었다. 또한 내가 학교 운영에 수시로 개입하지 않는 대신, 가난한 학교의 미래와 교육에 대해 깊이 공부하고 생각할 기회를 얻을 수 있던 것도 유익이었다. 교직원들 스스로 주인의식을 갖게 된 것도 또 하나의 유익이었다.

유치원부터 고등학교까지 있는 우리 학교는 학생이 적정선으로 유지되지 않으면 금세 재정에 압박이 온다. 그런데 새 이사장이 와서도 별로 일하는 것 같지 않고, 교장이 전권을 가지게 됐다. 교직원들이 이사장에게 학교 일을 말해도 별 반응이 없었다. 나이가 어려서 돈도 없을 것처럼 보였을 것이다. 그런 분위기를 느꼈는지, 처음에는 교장의 뒷담화를 하던 교사들이 슬슬 나를 배제하면서 자신들만의 커뮤니티를 형성하기 시작했다. 그들만의 의사결정 구조가 만들어진 것이다.

교사들은 급기야 스스로 구조조정을 했다. 월급을 자진해서 삭감하고, 이전에는 교장선생님이 일일이 간섭하고 잔소리하던 '분필 아껴 쓰기'까지 알아서 실천했다. 그건 내가 하라고 시킨 일이 아니었다. 그 성과는 놀랍게도, 내가 부임한 지 1년 만에 나타나기 시작했다. 학교에 지원하는 학생이 대폭 늘었고, 학교의 재정 자립도는 80퍼센트까지 올라갔다. 교사들이 스스로 노력하고 결정하여 더 나은 결과를 얻은 것이다. 그 성과 때문에 나에게 박수를 쳐 준 현지인 교사는 아무도 없었다. 그냥 자기들이 열심히 일했고, 하나님이 복을 주신 것이라고 이해하였다.

내게 가장 유익한 반대편

내가 '행정과 잔소리 업무'에 관여하지 않은 게 정말 다행일 수 있었던 진짜 이유는, 내가 매일 예배를 인도하는 사람이기 때문이었다. 교사들에게 성경의 메시지를 전해야 할 입장에서, 도덕적 훈계와 감시까지 하지 않아도 되는 건 '천만다행'이었다.

내가 전하는 메시지의 가치는 성경을 현장에 대입하여 해석해주는 것이다. 그렇다면 메시지를 전하는 사람이 '악역'까지 담당해선 안 된다. 메시지에서 선한 영향력이 사라지기 때문이다. 만일 내가 학교에서 온갖 잔소리를 수시로 하고, 그들을 평가하고 모든 걸 결정하고 월급봉투까지 주는 입장이라면, 특히나 젊은 나의 메시지가 그들에게 먹힐 리 없다.

그런데 진심으로 고맙게도, 잔소리하고 야단치는 악역은 교장선생님이 늘 다 해주신다. 그러니 나는 아무 말도 안 하고 있다가, 아침에 말씀만 잘 전해도 점수를 얻는 것이다. 이게 내가 전하는 메시지에 얼마나 힘이 된 상황인지, 처음엔 알지 못했다.

결과적으로, 성격이 전혀 다른 교장선생님과 내가 일종의 시너지 효과를 내고 있었다. 불편하기 짝이 없어서 나보다 남들이 먼저 쫓아내라고 말하던 교장선생님이 사실은 내게 '가장 유익한 반대편'이었던 셈이다. 하나님의 뜻은 실로 오묘하시다는 걸 깨닫고서, 나는 마음의 무릎을 꿇었다.

어떤 날은 내가 그 학교에서 천국의 모델을 보고 있는 건 아닌가 하는 생각마저 들었다. 성경에서 천국에 대한 모델을 이야기한 것 중에 이사야서 11장의 말씀이 있다. 사자와 어린양이 함께 노는 풍경이 묘사된 내용이다. 천국은 사자와 어린양처럼 전혀 섞일 수 없는 두 개체가 한 공간에서 조화롭게 살 수 있는 곳이다. '나와 교장선생님이 혹시 그걸 이룬 것은 아닐까?' 하는 상상을 했던 것이다. 천국까지는 아니어도, 현실에서 선교의 이양(移讓)을 이뤄가는 결과를 뜻밖에 얻고 있는 상황인 건 맞았다.

메시지와 잔소리를 겸한 지도자

이양(移讓)은 선교사의 사역에서 궁극적인 목표 가운데 하나이다. 단순히 소유권을 넘긴다는 의미로서의 이양이 아니라, 선교사가 복음을 전하면서 세운 교회나 학교 같은 기관의 설립 목적과 철학이 전달되는 것이기도 하고, 현실에서는 미래의 지속성에 대한 책임을 현지인에게 넘기는 것이다. 그리하여 현지인이 지도력을 발휘하고, 그들이 성장하여 또 다른 곳에 선교하는 선순환을 이룬다.

이런 이양은 주로 선교사의 사역 말기에 거론되는 주제다. 그래서 후반기의 이양을 위해 초기부터 후계자를 발굴하고 양성하면서, 이양에 필요한 메시지를 수시로, 그리고 점진적으로 전하는 것이 일반적이다. 이래서 선교사가 전하는 메시지가 중요해진다. 메시지 자체가 이양의 수단이자 통로가 될 수 있기 때문이다. 그 메시지는 서양식 '업무 목록'(Job Description)으로 정리돼 전달될 수 있고, '우리가 남이야? 내 말만 잘 들어' 하는 한국식이 될 수도 있다. 어느 쪽 방식이 옳다기보다, 그건 스타일이 다른 것이라고 생각한다. 다만 선교사마다 스타일이 다른 것이 이양의 시점과 과정에서는 당연히 다른 결과를 보일 수 있다. 이것을 리더십의 유형에 비유해 보았다.

우리 학교 교장선생님처럼 일일이 잔소리하고, 잘못하면 야단치고 행정 서식 따지는 리더십 스타일을 제1의 경우라고 하자. 이런 선교사는 아마 현실에 없을 것이다. 반대로, 속으로는 답답해서 복장이 터지더라도, 겉으로는 모든 일에 대해서 말하지 않고 온유한 것처럼 보이는 스타일을 제2의 경우라 하자. 이런 선교사님이 대부분이겠지만, 나처럼 실제 성격이 급하고 저돌적인 사람은 시도하기 어려운 스타일이다.

대개의 선교사는 1과 2의 경우가 섞인 경우일 것이다. 이걸 제3의 스타일이라고 하자. 이 스타일은 메시지와 잔소리를 겸한다. 이런 지도자는 메시지를 전할 수 있는 권위가 있고 그런 위치에 있기 때문에, 상대를 혼내는 일과 역할이 곧 메시지를 전달하는 것이라고 생각할 수 있다. 이런 경우, 그 메시지를 듣는 상대는 지도자가 하는 말이 옳다고 인정할 수밖에 없지만, 기분은 좋지 않다.

선교사가 제3의 스타일인 사람이라고 가정해보자. 선교사가 복음 메시지와 잔소리를 겸하는 사람이라면, 현지인은 그런 선교사 앞에서 대놓고 반항하기 어렵다. 간혹 대드는 사람이 있을 수는 있지만, 대부분은 선교사 앞에서 메시지를 수용한 것처럼 행동한다. 그러나 사실은 받아들인 것이 아닐 수 있다.

실제로 선교지에서 보니, 똑똑하고 눈치가 빨라서 선교사를 만족시키는 현지인이 간혹 보인다. 하지만 그런 사람은 그저 머리가 좋은 것이다. 진정으로 순종한 것이 아닐 수 있고, 결과적으로 올바른 이양이 아닐 수 있다.

이 대목에서 신약성경에 예화로 나오는 두 형제 이야기가 생각난다. 포도원을 일구라는 아버지의 지시에 처음엔 순종했다가 실제론 일하지 않은 게으르고 악한 아들과, 처음엔 거부해서 악한 것처럼 보였지만 나중엔 일하러 간 착한 아들의 차이 말이다. 선교사로서 현지인을 대할 때 이처럼 다양한 사람을 만날 수 있다. 그렇다면 상명하달식에 훈화를 겸한 제3 스타일의 메시지 전달 방식이 과연 정답인지 생각해볼 필요가 있다.

기묘한 동거의 썸 타기

나는 메시지가 전달되는 세 가지 스타일의 지도력 방식 중에서, 내 진짜 성격과 맞지는 않지만, 제2의 경우와 유사한 방식을 선택한 셈이었다. 그것이 내가 선택한 것이라고 말하긴 솔직히 어렵다. 행정가에다 독특한 성격을 가진 교장선생님과 기묘한 동거를 하기로 결정하면서, 그가 잘하는 부분에 내가 관여하지 않았고 할 수도 없었기 때문이다. 내가 할 수 있는 일은 기독교 학교의 정체성을 지켜주는 예배와 교육의 본질에 대한 연구에 집중하는 것뿐이었다. 그러기 위해 교장선생님의 행동과 학교 운영방식에 대해 최대한 말하지 않아야 했다.

지나고 보니, 그 '기묘한 동거'는 요즘 유행하는 말로 '썸타기' 비슷했다. 나만 해도 아내와 연애하고 결혼할 때 이런 용어를 쓰지 않아 잘 몰랐는데, 요즘 젊은 후배들에게 들으니 연애할 때 다들 '썸'이란 걸 탄다고 한다. 사귀는 것 같은데 사귀는 것 같지 않고, 싸우는 것 같은데 싸우는 것 같지도 않은 묘한 관계다. 그들의 부모나 선배들이 보면 연애하는 건지 뭐 하자는 건지 분간이 되지 않는다.

사랑한다고 말한 적이 없고 연애하는 것이라고 선언한 것도 아니지만, 게다가 사이도 그다지 좋아 보이지 않지만, 그저 동행하다 보니 결국 하나가 되어가는 것, 어쩌면 그게 요즘 세대의 썸을 해석한 정의인지 모르겠다. 좌우간 나는 썸 타는 방식을 선교 이양의 모델로 삼았던 셈이다. 썸을 타듯, 너무 가깝지도 너무 멀지도 않은 느슨한 관계를 유지해온 것이다.

연애할 때 계획이나 의도가 전혀 없을 수 없듯, 선교사로서 나도 계획이 다 있다. 하지만 그걸 성급하게 적용하려 들지 않았다. 내가 아이디어를 제안하더라도 현지인이 스스로 이해하고 계획하고 운영하도록 하고, 간혹 내 메시지가 아무리 옳고 좋다고 생각해도 바로 들이대지 않았다. 내가 아무 일도 하지 않는 무익한 존재처럼 보여도 어쩔 수 없다. 그래도 나는 여전히 이 학교의 울타리 역할을 하고 있으며, 울타리가 눈에 보이든 안 보이든, 내가 그 역할을 하고 있다는 건 변함이 없다.

문제는, 그렇게 하는 동안 내가 제법 많은 시간을 견뎌야 했다는 것이다. 그 과정에서 나는 선교사로서 현지인과 미묘한 묶임과 풀림의 관계를 만들면서 유지해나가야 했다. 그러기 위해 처음부터 한국식 관계 문화를 그들에게 강조하지 않았다. 시간을 잘 지키지 않는 회의 문화도 그들의 의사결정 방식 때문인 걸 알게 되면서 바꾸려 들지 않았던 것이다.

교육에서 써선 안 될 말

내가 한 이양 방식은 마치 최후 방법을 시도하듯이, 치료의 마지막 단계에서 주사약을 주입하는 것과 같은 일은 아니었다. 나는 지금도 한창 사역하는 중이라 마지막 시점도 아니다. 그것은 처음부터 천천히 티 안 나게, 마치 '썸 타듯이' 인내하며, 실험하듯 시작했던 일이다. 그래서 나의 경우, 이양은 이미 시작된 현재진행형이다. 그 특징은 특별한 거부 반응이 없이, 면역 반응이 생기는 모습을 보고 있는 것이다. 썸 타듯이, 느슨한 관계가 내 사역을 설명하는 키워드라고 말하고 싶다.

지금도 나는 이 학교에서 현지인 교직원들과의 사이에서 느슨한 관계를 유지한다. 이런 관계의 원리는 내가 생명공학에서 배운 스테로이드 호르몬(steroid hormone)과 유사하다는 걸 알게 되었다. 분리나 파괴나 멸절이 아닌, 침투와 동화를 통해 대상이 자발적으로 기능하거나 변화되도록 돕기 때문이다. 이것은 면역 효과와 비슷하다. 이런 방법이 결과가 즉각적이지 않아 약할 것 같지만, 사실은 매우 강하다. 생명체는 의외로 느슨한 관계성으로 강력하게 유지되고 있다. 이 원리를 선교에 적용하면, 사람의 행동을 바꾸는 행동과학과 교육학의 이론 사이에 연결되는 부분이 있다는 걸 알게 된다.

기존의 선교학에서는 이양을 준비하기 위해 현지인의 지도력을 개발할 때, 행동과학에서 응용하는 훈련(트레이닝) 부분을 강조했다. 선교사가 현지인에게 원하는 행동이 있으면 그 행동을 도출하기 위한 프로그램을 계속 개발하고 적용하는 것이다. 그게 제자훈련일 수 있고 지도자 훈련일 수 있다. 심지어 그들의 문화를 야만(barbarian)이라고 부정하고 선교사의 문화를 새롭게 이식하려는 시도일 수도 있다. 거시적으로는 사람의 행동을 바꾸려는 것이다.

그런데 내가 칼빈대학교에서 교육학을 배울 때, 훈련(training)은 교육에서 쓸 말이 아니라고 배웠다. 그건 동물의 행동을 교정하는 동물행동학에서나 쓸 것이라고 했다. 사람에 대해서는 면역이론을 적용해야 한다고 배웠다.

사람의 행동을 바꾸려고 하면 대체로 두 가지 반응이 나오는데, 하나는 면역 반응이고 다른 하나는 거부 반응이다. 이건 생물학의 이론과 같다. 어떤 분자가 세포에 들어가려 할 경우엔 주로 거부되지만, 어떤 것은 침투하고 융합하여 변화나 치유를 일으킨다. 그게 소위 말하는 면역이다. 이 원리를 지도력 개발과 이양에 필요한 메시지에 적용해보았다.

어떤 메시지가 현지인 안으로 들어가더라도 곧 사라질 때가 있다. 거부 반응을 일으키는 것이다. 그런데 선교사가 원하는 결과는 메시지가 그들 가운데 들어가 생각과 삶의 변화로 나타나는 것이다. 그러자면 면역 반응이 일어나야 한다.

메시지가 면역 반응을 일으키려면 스테로이드 호르몬의 침투 원리와 마찬가지로, 메시지라는 분자를 잘게 쪼개서 투입해야 한다. 이것이 일반적인 면역과 항염을 위한 약재들의 특징이기도 하다. 최근 코로나19로 전세계인이 알게 된 모더나 백신 같은 것이 바로 그런 개념으로 만들어진 것이다.

이 개념을 선교사와 현지인 사이의 메시지 전달과 이양에 대입하면, 이양을 위한 생각과 행동을 바꾸는 메시지는 스테로이드 호르몬과 같아야 한다는 말이다. 그래서 메시지는 가급적 구체적이고도 간단하며 어렵지 않아야 한다. 처음부터 복잡하고 큰 주제를 강요하지도 말아야 한다. 웬만하면 하고 싶은 말조차 하지 말아야 한다.

벽에 뭔 색을 칠하든

선교사가 현지인에게 리더십을 발현시켜 이양하고자 한다면, 우선 현지인들 자체에 지도자로 성장할 만한 DNA가 있다는 전제 아래 접근해야 한다. 그래야 거부반응이 아닌 면역반응이 생성될 것이다. 그러므로 그들에게 우리의 메시지를 훈화처럼 주입식으로 들이대기만 해선 안 된다. 시간이 많이 필요하더라도 인내하며 서서히 침투시켜야 한다. 보기에 답답한 부분에 대해 내 의견을 말하지 않는 영성이 그런 인내의 일종이다. 메시지를 분자처럼 잘게 쪼갠다는 것은 그런 것이다. 그렇게 함으로써, 스테로이드 호르몬이 스스로 생존할 수 있는 단백질 세포를 만드는 것처럼, 선교사의 메시지가 호르몬처럼 그들 속에 들어가서 작동할 수 있게 도와야 한다.

사라진 벽화
2013년 빛소금교회 청년부가 방문해서 그려준 언약학교의 벽화. 안타깝게도 대지진 때 사라지고 말았다.

메시지를 쪼갠 분자처럼 잘게 만드는 일은 하고 싶은 말이 있어도 입을 닫는 것에서부터 시작된다. 그래야 그 일의 주체가 현지인이 되기 시작한다. 잘하고 못하고의 문제는 두 번째로 여겨야 한다. 현지인이 학교 담벼락에 진분홍과 초록색을 섞어 칠하더라도 "학교에는 그런 촌스러운 색을 칠하는 것이 아니야"라고 말하지 않는 것, "학교라면 모름지기 세련된 파스텔색을 칠하는 게 맞아"라는 내 의견을 말하지 않는 '영성'이 그와 같은 일이다.

현지인이 주인의식을 가지고 그 사역을 자기가 하고 있다고 인식시키려면, 그들이 어떤 결정을 할 때 선교사가 영향을 미치느냐 안 미치느냐가 중요하다. 그래서 만약 그들의 결정이 진리에 부합하지 않는 것이라면 절대 양보하지 말아야 하지만, 학교 벽에 칠하는 페인트 색을 정하는 건 아무리 이상해도 뭐라 하지 않으면 된다. 핫핑크를 칠하든 조금 짙은 파란색을 칠하든, 내가 봤을 때 여기에 돈 쓰는 게 맞을까 싶은 일을 추진해도 말하지 않는 것이다. 그래서 때로는 말하지 않는 것이 선교사의 영성이 된다.

13

갭 줄이기와 공간 만들기

선교사들이 현지에서 선택하는 사람은 보통 자기 말 잘 듣고 똑똑하고 착하고 정직한 사람이다. 말 안 듣고 이해와 행동까지 느린 사람은 답답하다. 반대로, 행동은 부지런한데 선교사의 뜻과 다른 방향으로 열심이고 부딪히기까지 한다면 곤란하다. 그럴 때, 선교사가 나처럼 학교 사역을 하는 경우라면 본국에 이런 기도 요청을 하게 된다. (나도 이런 요청을 여러 번 하고 싶었다.)

"우리 학교에 이런 선생님이 있는데 문제가 많아요. 늘 나에게 반대하고 쓴소리를 해요. 학교에 도움이 안 되고 부정적인 말만 하는데, 하나님, 저 사람 내보내 주세요."

그러고 나서 어느 순간이 되면, 하나님이 그 기도를 들어주셔서 그 사람이 나가고 더 좋은 사람이 들어오게 되었다고 간증할 수 있다.

하지만 이와 반대의 간증을 할 수 있다면 어떨까? 현지인이 아니고 선교사가 변해서 좋아졌다는 간증 말이다.

내가 한동대학교에 지원하게 된 동기 중 하나가 학교의 슬로

건인 "Why not change the World?"였다. '(당신이) 세상을 왜 바꾸지 못하겠는가?' 하는 도전이었다. 나는 이 슬로건을 선교사로서 내게 적용해 조금 바꿔보았다.

"Why not change Me?"

'내가 왜 변화되지 못하겠는가? 내가 먼저 변화되면 그만 아닌가?' 하는 생각이었다.

여기에서는 내가 바뀌면서, 현지인과의 관계를 새로운 관점으로 볼 수 있었다. 특별히 내가 독특한 교장선생님과 같이 있다 보니, 그가 나에게 귀한 사람이었다는 걸 시간이 지나면서 알게 된 것이다. 나하고 맞지 않는 사람과 함께 일하면서도, 하나님의 사역을 이뤄나가는 아름다운 공동체가 될 수 있다는 교훈도 얻었다.

물론 우리는 지금도 맞지 않는다. 그는 자신의 주장을 굽히는 사람이 아니다. 가치관이 서로 달라서 중요하다고 생각하는 것도 다르다. 그는 어떤 일을 결정하기 위해 회의를 한다고 사람을 앉혀 놓아도, 결국에는 자기가 원하는 대로 정하는 성격이다. 누가 다른 의견을 줘도 받아들이지 않는다. 자기가 하는 말이 늘 옳고, 자기가 내리는 결정이 항상 옳다고 생각하기 때문이다. 그가 그렇게 살아온 데는 그만의 배경이 있어서다. 그는 어린 시절이 불우했다. 그런 사람이 자수성가해서 이런 자리까지 올랐다. 그래서 그런 사람이 된 것이다.

나는 그를 이해하게 되었다. 오히려 그로 인해 감사하게 되었다. 하나님의 뜻이라는 큰 테두리 안에서 생각하면, 서로 다른 사람끼리 같이 있어도 시너지가 날 수 있다는 걸 배웠기 때문이다. 그 덕분에 메신저로서 학교에서 매일 전하는 내 설교에 힘이 실릴 수 있었고, 내가 전하는 메시지가 말씀이 될 수 있었다. 이를 통해 학교의 설립 목적과 정신을 현지인에게 뿌리내리고, 진정한 의미에서 이양이 이뤄지기를 기대하게 되었다.

생각처럼 되지 않는 것

현대는 세계의 거의 모든 선교지마다 국제화되어 문화와 정보가 비교적 보편화된 상황이다. 이런 개방의 시대에 전통 방식으로 이양하려 할 때, 그런 이양에는 반드시 '갭'(gap)의 문제가 존재할 수 있다. 선교사가 기대하는 것과 현지인이 반응하는 것 사이에 차이가 있을 수 있는 것이다. 이런 '갭'에는 두 가지 경우의 문제가 있다.

첫째, 언제 이양을 시작하든, 현지인이 하는 사역 내용이 선교사가 구상하고 기대한 것에 부응하지 못하는 경우의 문제다. 이런 갭은 현지인이 문화적으로 자신의 것을 지키려 하는 보수성이 강할 때 주로 나타난다. 이런 사람은 학력이 낮거나 사회적으로 낮은 계층 출신일 가능성이 높다. 극단적으로는 선교사가 세운 시스템을 자기 문화나 자국 방식으로 돌려놓는다. 물론 모든 이양이 다 그렇게 무산되는 것은 아니다. 어쨌든 만족스럽지 못한 결과는 선교사의 실패처럼 보일 수 있다. 몇십 년 넘게 사역한 다음 이양했는데, 그간의 모든 노력과 가르침이 아쉬울 수도 있다.

선교사가 현지인을 자기 수준의 지식과 능력을 갖춘 사람으로 키우기 위해 선교사의 본국이나 외국으로 유학 보낼 수 있다. 그럴 이유와 필요는 당연히 있다. 그런 사람이 돌아와 선교사와 비슷하거나 더 탁월한 수준으로 그 사역을 이어받는다면 매우 이상적일 것이다. 그것이 지난 세월, 오랫동안 선교지에서 추진되고 적지 않은 성공을 거둔 방식이었다. 그러나, 21세기에도 지속될 이양의 방법일지는 지역과 상황에 따라 고민할 부분이 있을 것이다.

둘째, 앞의 실수를 예방하기 위해 현지인 가운데 외국 유학도 다녀오고 똑똑한 사람을 이양의 주체로 삼았는데, 정작 그런 사람은 그 사역을 지속하지 않고 더 나은 조건과 미래가 보장되는 직업을 찾아가는 경우이다.

사실 이런 일은 현실에서 더 많다. 이러면 이양할 대상이 없어지고 사역의 정신이 단절될 수도 있다.

네팔만 해도 최근에 공부를 많이 한 사람은 NGO나 더 나은 기회를 제공하는 곳으로 가는 게 일반적이다. 네팔의 언약학교처럼 중하층과 일반인을 대상으로 하는 보통의 학교에서 일하는 교사들은 정식 직업으로 존중받지 못하는 편이다. 그런 만큼 처우도 박할 수밖에 없다. 말이 교사이지, 한국의 동네 학원 강사와 비슷하거나 더 못하다고 보면 된다. 반대로, 능력 있는 교사를 좋은 조건으로 채용하면 학비가 비싸질 수밖에 없다. 그렇게 되면 빈부격차가 특히 큰 이 나라에서 가난한 아이들이 교육받을 기회는 적어진다. 가난한 아이들을 상대로 교육 선교를 하겠다는 이른바 '미션스쿨'의 목적과 모순이 생기기도 한다.

아쉽게도 내가 언약학교에 있는 동안 학벌과 조건이 좋은 교사가 보통은 3년, 길어야 5년 이상 남아 있는 걸 본 적이 거의 없다. 각자 자기 살길을 찾아가기 때문이다. 반대로, 성격이 보수적이며 배움이 느린 사람이 오래 남는 걸 많이 보았다. 심지어 선교사의 성격과 반대되는 사람들 가운데 그런 사람이 있었다. 변화에 민첩하거나 똑똑한 현지인이 오래 남는 경우는 적었다.

네팔이라는 선교지가 현대화되어가고 있다고 해도, 기독교 인프라와 인재의 폭은 여전히 좁다. 이 사회에서 기독교는 아직 소수이다. 이런 선교지에서 선교사가 오래 함께 할 현지인은 자기 마음에 드는 세련되고 똑똑한 사람이기보다, 반대로 아쉽고 답답한 사람일 가능성이 높다. 변화를 좋아하지 않으며, 자기 문화를 고수하려는 사람일 것이다. 그러나, 능력은 부족하고 관계를 맺는 면에서도 한계를 드러내지만, 결국 사역을 이어나갈 사

람은 이런 부류일 것이다. 따라서, 이제는 이런 연약한 사람들의
지도력을 개발해 이양해가는 과제를 감당해내야 한다.

저 외국인은 저렇게 살지 않아도 될 텐데

내가 이 학교에서 보조 역할을 자처하면서 경험한 것을 두 가지
로 정리할 수 있겠다.

하나는 이양이라는 단계에서 최대한 '갭'을 없애는 시도를 해
본 것이다. 처음부터 권한을 이양했기 때문이기도 하지만, 그 사
이에서 스테로이드 호르몬처럼 느슨한 관계를 썸 타듯 유지해
왔다.

둘은 현지인이 결정하고 실행하게 하였다. 원래 윤하영 선교
사님이 계실 때는 책상 크기와 교실 크기를 재는 일을 직접 하
셨다. 그래서 책상을 몇 센티미터짜리로 하자고 결정하시면 그
걸 현지인 교장이 재고(再考)하는 방식이었다. 이제는 거꾸로 교
장이 그걸 먼저 결정하고 나는 듣는 위치에 있다. 내 아이디어가
더 좋다는 생각이 있더라도 말하지 않는다.

사실 문화적인 차이에서 누가 더 우월하다고 말할 수는 있다.
현재 네팔의 생활문화는 겉만 보면 우리나라의 60-70년대와
비슷하다. 그렇다고 해서 '내가 맞고 당신은 틀려'라고 말했다
면, 아마 지금의 학교 모습은 되지 못했을 것이다.

나는 그냥 이 사람들이 생각하는 대로 동의하거나 기껏해야 허락해주는 방식으로 지내왔다. 그래서 학교가 잘될 때 내가 그걸 해냈다고 생각하는 사람은 이 학교에 아무도 없다. 자기들이 다 해냈고, 저 외국인 선교사는 한 게 아무것도 없다고 생각하게 되었다. 그래서 나를 존경하는 사람은 없다.

보통 선교지에 가면 "저 선교사님은 정말 탁월해 너무 존경스러워. 대단한 사람이야. 못하는 게 없는 분이야. 항상 정답을 가지고 있어"라고 말하는 것이 일반적이라면, 여기에서 나를 그렇게 생각하는 선생님은 없을 것이다. 다만 하나님이 하신 일이라고 온전히 하나님께 영광을 돌리기는 한다.

현지인 선생님들이 나에 대해 항상 궁금해하는 게 있기는 하다. "우리 선교사님은 기도 많이 하는 분이고 뭐든지 잘 고치고 참 검소하신 분이야"라고 말하는 게 아니라, "저 외국인은 저렇게 살지 않아도 되는데, 저렇게 힘이 없는 상태로 이 학교에서 우리와 함께 있는 거지? 네팔에 와서 내전과 지진과 코로나로 가장 힘들었을 때도 떠나지 않고 네팔에 있었던 거지?"라고 궁금해한다.

교장선생님이 불편하다는 건 누구보다 잘 알고 있으면서, 왜 그와 같이 일하느냐는 질문도 한다. 학교 이사장은 나이고 돈도 내가 더 많을 텐데, 왜 교장을 섬기고 세우는 역할을 내가 하느냐는 것이다.

공간을 만드는 방법

나는 네팔이 내전 중이던 왕정기에 이 나라에 왔다. 그리고 지진과 코로나 시기를 이들과 같이 겪었다. 내가 네팔의 모든 격동기에 이들과 같이 있었기 때문에, 그렇게 살아온 것을 통해 결국 그들의 신뢰를 얻게 된 것 같다. 그래서 그들이 나에 대해 궁금해 하는 질문들에 대해 내가 해주는 답을 그들이 들을 때, 나의 메시지가 역사한다고 생각한다.

예수님이 제자를 가르치실 때 얼마나 해줄 말이 많으셨겠는가? 하늘의 것을 보고 인류 역사의 전체를 아시는 분이, 제자들이 말도 안 되는 질문을 할 때 답답하셨을 것이다.

"이스라엘이 회복되는 게 지금입니까? 안식일에 병자를 고치는 게 맞습니까?"

이런 질문들에 대해, 예수님이 "말도 안 되는 질문"이라고 지적하고 교정해주신 것이 아니다. "성령이 오시면 알게 하실 것"이라고 답하시면서, 그 즉시 말해주지 않으셨다. 그걸 교육학에서는 '공간을 만들어준다'라고 말한다. 스스로 발견하고 깨닫는 자기 생각의 여지를 주는 것이다. 예수님이 즉답을 피하신 것이 바로 제자들에게 공간을 만드신 일이었다. '내가 그들에게, 그에게 내 생각을 말하지 않은 것'도 공간 만들기였다.

14

빠른 아이와 느린 아이

내가 기존의 교장선생님과 함께 계속해서 일하기로 한 다음, 교육학에서 말하는 발달장애 혹은 습득이 느린 학생들을 교육하는 일에 대해 공부할 기회가 있었다. 습득이 느린 학생이 '느린 아이'라면, 그 반대가 '빠른 아이'라는 내용이다.

어쩌면 빠른 아이보다 느린 아이를 어떻게 도울 수 있느냐가 진정한 교육일지 모른다. 현지인에 대한 이양의 문제에서도 그 방식을 이해하고 적용할 필요가 있다고 생각하였다. 능력이 탁월한 '빠른' 사람을 선택하는 것이 아니라, 능력이 없고 '느린' 사람이라 하더라도 최대한 기다려주는 것이 선교에서는 결국 바른 선택이라는 걸 나는 차차 알게 되었다.

똑똑한 사람이면 좋겠지만

사실 제3세계 현장에서 선교사나 NGO 지도자가 이양을 계획하고 프로젝트를 진행하다 보면 현지인 중에서 똑똑하고 이해도가 높은 사람을 선호하게 되는 것이 일반적이다. 요즘 NGO의 경우 프로젝트를 세울 때 3년 이내에 끝낼 수 있는 '출구전략'을 짜기 때문에, 짧은 시간 안에 가시적인 성과를 내기 위해서는 현지인들 가운데 일 잘하고 똘똘하며, 외국인이 무엇을 원하는지 말하지 않아도 알 정도의 눈치가 있어야만 하기 때문이다. NGO의 경우 자금력이 어느 정도 뒷받침될 수 있다면 그런 사람들을 쉽게 붙잡고 일할 수 있다.

하지만 선교사와 선교단체는 성격상 그런 사람들을 충족시킬 수 있을 만큼의 보수나 미래를 약속할 수 없다. 현지인 사역자들이 자주 바뀔 수밖에 없는 구조적 문제이기도 하다. 그러다 보니 기독교 단체 쪽에서 일하는 현지인 중에는 교육학적 용어로 '느린 아이'의 특징을 가진 사람들이 많다. 이들의 특징은 새로운 것을 좋아하지 않고, 자신들이 원래 하던 대로 하고자 하는 관성이 매우 크다. 그렇지만 이들에게도 장점은 있다. 한 가지라도 자신이 동의되고 바뀐 부분은 이후에도 계속 변화된 모습을 유지한다는 점이다. 즉, 오래 충성하는 사람이 된다.

그런데 외국 사람들과 오래 일한 현지인은 외국인 NGO 리더나 선교사가 무엇을 원하는지 기가 막히게 알고서 가려운 데를 긁어주는 모습을 비일비재하게 보게 된다. 이런 사람을 '빠른 아이'라고 보면 된다. 새로운 문화와 시스템을 두려워하기보다, 호기심이 많아서 경험하고 배우고 싶어하는 특성을 가진 사람이

컴퓨터 수업 준비
중학교 학생들이 골목 건너편에 있는 초등학교 건물의 컴퓨터 교실로 가기 위해 진 선교사 앞에 줄을 서고 있다.

다. 그러나 빠른 아이의 특성을 가진 현지인은 새로운 것은 금방 습득하지만, 새로운 것과 신기한 것에 대한 지속적인 갈망으로 쉽게 이직하는 경향을 보인다. 이런 사람을 배신자라고 부를 수 없다. 그저 더 좋은 기회를 따라갔을 뿐이다. 이런 사람들을 데리고 일하려면 그들의 호기심과 도전을 끊임없이 채워줄 수 있는 자극이 필요하다.

그런데도 대부분의 선교사들은 자신과 일하는 사람들을 선택할 때 빠른 아이의 특징을 가진 사람을 선호하고, 그에 맞추어 전체 사역의 시스템을 구성한다. 문제는 앞에서 말한 것처럼, 이런 사람들은 옆에서 누군가가 자극과 호기심을 지속적으로 채워주어야 한다. 그렇기 때문에 오래 같이 있지 못한다는 것이 문제다. 무엇보다, 이런 사람을 주변의 다른 기관이 가만히 둘 리가 없다. 호기심 많은 사람은 유혹에 약하다.

제3세계 현실에서 선교사 주변에 오래 남아 있을 가능성이 높은 사람은 '느린 아이'이다. 갈 데 없고 변화를 좋아하지 않으며, 같이 일할 때 답답한 사람들이다. 하지만 리더로서 선교사가 할 일은 '느린 아이' 같은 사람일지라도 '능력이 부족하기 때문에 이 일을 맡길 수 없어'가 아니라, '이런 사람도 더 일을 잘 할 수 있는 환경을 만들어주는 것'이 결론이어야 한다.

성령님이 우리에게 하시는 것처럼, 말할 수 없는 탄식으로 기도해주면서 오래 같이 일하다 보면, 그 일을 언젠가 해낼 수 있다. 다만, 좀 오래 걸릴 뿐이다. 예수님께서 제자들에게 하신 교육 방법을 들여다보면 이와 같은 결론이 설득력을 가진다. 그들 대부분은 학교를 다니지 못했으며(unschooled), 교육받지 못했거나(uneducated) 문해력도 떨어진다(inliteracy). 그래서 예수님이 하신 말씀을 처음엔 제대로 이해하지 못했다. 예수님의 제자들은 대부분 '느린 아이'들이었다.

결론적으로, 선교사가 현지에서 함께 일하며 성장시켜야 할 사람은 가장 더디고 변화가 되지 않으며 보수적인 현지인일 가능성이 높다. 그런 느린 사람들이 결국 주변에 남을 것이다. 그렇다면 그런 사람들이 우리에게 맡겨진 사람인 줄 알고, 그들을 위해 시스템과 교육 방법 자체를 바꿀 필요가 있다.

기독교 단체, 특별히 선교단체의 경우 느린 아이의 특징을 가진 사람들이 최대한의 역할을 할 수 있는 시스템과 구조를 만들어주어야 한다. 그래서 그들이 지속적으로 사역할 수 있게 세팅하는 기술이 필요하다. 물론 그들을 중심으로 전체 세팅을 구성하는 것은 오랜 시간과 관찰이 동반되어야 한다. 무엇보다 사랑과 인내가 동반되는 시간의 팩터(factor)가 중요하다.

나는 후배 선교사에게 조언할 기회가 있을 때마다 이 원리를 말해주면서, 똑똑하고 일 잘하고 싹싹한 현지인보다, 차라리 대답도 잘 안 하고 잘 알아듣지 못하며, 늘 실수는 하지만 변하지 않을 현지인을 선택하라고 말해준다.

다윗은 아웃사이더였다

이 대목에서 다윗에 대한 묵상을 나누고 싶다. 사무엘이 이새의 아들들을 찾아가는 장면을 보면 재미있는 상상을 할 수 있는 광경이 나온다.

"제사 드리러 갈 테니 자녀들을 다 불러 모으라"는 사무엘의 말에 이새는 아들들을 불러 모은다. 아들들은 사무엘 앞을 사열하듯 지나갔다. 그래도 여전히 하나님의 사인이 없자, 사무엘은 남은 이가 혹시 있는지 물어본다. 그제야 이새는 막내를 기억하고 다윗을 부른다.

아직 옛날의 손님 접대문화가 남아 있는 제3세계에서 살다 보니, 이들에게 집에 손님이 오는 것은 대단히 큰 행사라는 걸 알게 되었다. 가족뿐 아니라 일가친척까지 다 불러 모아도 성에 차지 않을 정도다.

손님이 왔을 때 빠지지 않는 행사 중 하나가 아이들의 장기자랑이다. 네팔에서 누군가의 집에 가면 그 집 아이들의 춤이나 노래를 듣는 일은 다반사다. 막내가 딸이면 특히 빠질 수 없다. 그러니 다윗처럼 노래도 잘하고 악기도 좀 타는 (사울 앞에서 수금을 탈 정도의 실력인) 막내는 손님 접대에서 더할 나위가 없지 않았을까 싶다. 그런데 다윗을 부르지 않았다고?

자식이 아무리 많아도 부모가 잊어버리는 경우는 드물다. 막내아들이 참석하지 않는 경우는 더군다나 많지 않다. 하물며 사무엘은 당시 이스라엘의 수상과도 같은 역할을 한 사람인데, 자식을 다 불러 모으는 것은 당연하다. 그런데 아버지가 다윗을 빼먹은 것이다.

문득, 이런 생각이 든다.

'혹시 의도적으로 다윗을 안 부른 것은 아닐까?'

왜 그랬을까 생각해본다.

의도적으로 막내아들을 부르지 않았다는 부분을 이해하기 위해, 사무엘상 17장 28절에서 다윗이 골리앗과 싸우겠다는 호기를 부릴 때 형인 엘리압이 한 말을 보자.

큰형 엘리압이 다윗이 사람들에게 하는 말을 들은지라 그가 다윗에게 노를 발하여 이르되 네가 어찌하여 이리로 내려왔느냐 들에 있는 양들을 누구에게 맡겼느냐 나는 네 교만과 네 마음의 완악함을 아노니 네가 전쟁을 구경하러 왔도다 _삼상 17:28

그런 형의 말을 들은 다음에도 다윗이 싸움터에 나선다. 여기서 다윗은 다루기 불가능(out of control)한 천방지축 소년의 이미지를 보여주고 있다. 맏형이라면 거의 다윗의 삼촌뻘에 가까운 사람이다. 그런 어른이 꾸짖어도 전혀 위축되지도 도망가지도 않는다. 30절을 보면 돌이켜 다른 사람을 향하여 전과 같이 말하고 다니는 모습이다.

어린 다윗을 그저 양치는 사람으로서 밖으로 내돌린 다윗의 아버지를 보면, 다윗은 그 집안에서 아웃사이더로 취급당했던 것이라고 추측된다. 무슨 연유인지는 정확히 설명되지 않았지만, 다윗의 즉흥적이면서도 돌발적인 행동이 그로 하여금 밖에서 양을 돌보는 일을 맡게 한 것 같다. 사무엘이 왔는데도 부르지 않을 만큼 가족 안에서 무시받는 위치였던 것이다.

그렇게 보자면, 하나님이 사무엘에게 말한 "사람의 외모를 보지 않고 중심을 본다"라는 말씀은 다윗 안에 있는 하나님의 사랑에 대한 이야기일 수 있겠다. 그의 모나고 약한 부분이 하나님 나라에서 중심축에 있다는 이야기로도 치환할 수 있을 것 같다.

그런 다윗에게 나중에 사람들이 몰려오게 된다. 사무엘상 22장 1절을 보면 "환난당한 모든 자와 빚진 자와 마음이 원통한 자가 다 그에게로" 모였다. 다윗에게 모여드는 첫 백성이자 공동체가 당시 사회에서 소외되고 바깥에 거주하고 있는 일련의 아웃사이더들이었던 것이다.

다윗을 왕으로 세우신 하나님의 주된 목적 중에 하나가 아마도 이것이지 않을까 생각해본다. 다윗의 소년 시절에, 모나고 약해서 아웃사이더로 살고 있었던 그를 선택해 그와 같은 연약함을 지닌 자들을 치유하기 위한 계획이 있지 않으셨을까 싶은 것이다.

어려울 때 짐을 함께 지는 것

곁가지로, 다윗이 어린 시절 내내 목동으로 살았던 삶은 밖에서 이슬을 맞으면서 자는 것이었다는 추측을 하게 된다. 뿐만 아니라, 그는 사울 왕을 피해 10년 동안 도망 다니면서 숱하게 땅바닥에서 잠을 잤을 것이다. 그런 그에게 따뜻한 자기 집에서 잠을 자는 것은 중요한 이슈였을 것 같다. 그가 자신은 궁궐에서 살고 하나님의 언약궤는 밖에 '비박'하고 있는 모습을 보고서, 하나님의 성전을 짓고자 했던 것은 연결점이 많아 보인다.

그런데, 하나님이 다윗을 선택하신 이유는 그의 탁월함과 별도였던 것 같다. 모나고 연약한 자기 모습을 보고, 그와 동일한 짐을 지고 있는 사람들의 짐을 나누어지라는 의미가 아니었을까 생각해보는 것이다.

바울도 고린도전서 1장 25절 이하에서 이렇게 말했다.

²⁵하나님의 어리석음이 사람보다 지혜롭고 하나님의 약하심이 사람보다 강하니라 ²⁶형제들아 너희를 부르심을 보라 육체를 따라 지혜로운 자가 많지 아니하며 능한 자가 많지 아니하며 문벌 좋은 자가 많지 아니하도다 ²⁷ 그러나 하나님께서 세상의 미련한 것들을 택하사 지혜 있는 자들을 부끄럽게 하려 하시고 세상의 약한 것들을 택하사 강한 것들을 부끄럽게 하려 하시며 ²⁸하나님께서 세상의 천한 것들과 멸시 받는 것들과 없는 것들을 택하사 있는 것들을 폐하려 하시나니 ²⁹이는 아무 육체도 하나님 앞에서 자랑하지 못하게 하려 하심이라 ³⁰너희는 하나님으로부터 나서 그리스도 예수 안에 있고 예수는 하나님으로부터 나와서 우리에게 지혜와 의로움과 거룩함과 구원함이 되셨으니 ³¹기록된 바 자랑하는 자는 주 안에서 자랑하라 함과 같게 하려 함이라 _고전 1:25-31

여기서 중요한 포인트는 다윗이 자기와 함께한 자들의 짐을 나누어 진 시기이다. 사무엘상 22장에서 다윗은 사울에게 쫓겨 자기 목숨 하나 부지하기 힘든 시절에, 가족과 400여 명의 사람들이 모여 서로의 삶을 나누는 시기를 가진다. 다윗이 왕이 되어

넉넉하고 부유하게 되었을 때가 아니라, 자기 몸 하나도 건사하기 힘든 시기에 400명이 넘는 사람들의 인생 무게를 진 것이다. 자기 문제가 모두 해결되고 넉넉한 상태가 된 다음에 주변을 돌아보는 것이 아니라, 자신조차 감당하기 어려운 시절에 사람들을 감당한 다윗을 보면 아주 많은 생각을 할 수밖에 없다.

이 본문을 보면서 나에게 적용해보았던 것 중에 하나가, 내가 우리 학교 선생님들을 돌보는 모습에 관한 것이었다. 다윗이 모나고 연약한 것이 어찌 그리 나와 닮았는지 모르겠다. 그럼에도 마치 자석처럼 내 주변에 모인 선생님들 중 대다수는 나의 약점을 쏙 빼닮아 연약한 것을 보곤 한다. '아 그렇구나, 내가 저들의 인생 무게를 감당해주라고 내 주변에 자연스럽게 저런 부류의 사람들이 모이는 거였구나'라는 생각이 머리를 때렸다. '내 주변에 왜 더 좋은 사람, 능력 있고 성품이 좋은 사람이 없을까?'를 고민하기보다, '내가 가진 인생의 무게를 그들의 인생 무게와 함께 짊어지고 가는 것이 그리스도의 공동체였구나'라는 깨달음을 가지게 된 것이다.

교회를 비롯한 기독교 공동체와 기관들이 빠른 아이보다 느린 아이 특성을 가진 사람들로 하여금 최대한의 역할을 할 수 있도록 시스템과 구조를 만들 이유를 이 말씀을 통해 찾아볼 수 있었다.

별볼일없는 사람이라서

학교를 운영하고 조직을 이끌다 보면, 좋은 팀을 만들기 위해 좋은 인재들이 오기를 간절히 소망하는 경우가 많다. 그래서 여러 가지 좋은 조건과 높은 기준을 두려는 것은 기본 중의 기본이 된다. 많은 기독교 학교에서도 1세대 비저너리의 시기를 지난 후에 급격한 쇠퇴를 겪는 경우가 있는데, 그 이유 중에 하나가 선생님에게 있다고 볼 수 있다. 그래서 학교는 할 수만 있다면 더 탁월하고 실력 있는 선생님을 모으려고 노력한다. 거기다 신앙도 좋으면 금상첨화이기에 기준이 한없이 높아만 간다. 하지만 그것이 함정이 될 수 있다는 사실은 참 아이러니라 할 수 있다. 인재의 폭이 좁은 선교지는 더 그럴 수밖에 없다.

내가 지금의 우리 학교만의 독특한 소명을 발견하기까지 얼마나 많은 시행착오를 했는지 모른다. 학교를 운영하는 사람으로서, 학교의 성공을 위해서는 자연스럽게 사람을 소모품처럼 쓰고 싶은 유혹에 빠질 수도 있었다. 그것이 학생들을 위해 어쩔 수 없는 선택이라고 말할 수도 있었다. 하지만 그런 유혹과 타협하지 않을 수 있는 선택은 운영자가 오롯이 감당해야만 하는 삶의 무게였다.

언젠가 기독대안학교 세미나에 참석할 일이 있었다. 그곳에서 풀무학교 교장선생님으로 일하시다 은퇴하신 분의 강의를 들었다. 그분의 강의는 오랜 경험에서 나올 수 있는, 현장에서만 알 수 있는 것이었다.

강의 내용 중에 아직도 잊혀지지 않는 것이 있다. 그 분이 그곳에 있을 수 있었던 이유 중의 하나가 "자신이 능력 없고 별볼일없는 자이기에, 이곳에 남아서 교장으로 일했다"라는 것이었다. 이 학교의 역사 가운데 탁월하고 뛰어난 사람들이 있었지만, 결국 끝까지 남아서 이곳을 지킨 사람은 나 같은 사람이라는 그분의 겸손한 고백에서 나오는 통찰력은 깊은 울림을 주었다.

그 후로 나는 탁월한 사람과 오랫동안 일할 수 있는 방법을 생각하기보다, 오래 함께 있는 사람들을 위해 학교의 조직을 변환시켰다. 함께 있는 사람들이 결국엔 심리학적으로 느린 아이에 속한 사람, 변화를 싫어하고 빠릿빠릿하지 못한 사람이라면, 그런 사람들을 위한 조직을 만들어주어야겠다고 생각했기 때문이다. 그래서 학교에서 만든 다양한 프로그램은 학생들의 학력을 증진시키기 위한 것이라기보다, 능력이 부족해서 잘 가르치기 어려워하는 선생님을 도와줄 수 있는 프로그램이었다. 예를 들어 영어 읽기 프로그램과 수학 보조 프로그램은 학생들을 위한 것이기 이전에, 선생님을 위한 나의 작은 배려였다. 그렇게 해서 결과적으로, 언약학교의 모든 프로그램과 구조는 느린 아이들을 위한 최적의 환경이 되어가고 있다.

PART

5

천국 방식의
교육 공간 만들기

15

선생님이 된다는 것의 의미

제3세계에서 항상 존재하는 선생님의 질적 문제는 오랫동안 고민해온 문제 중 하나이다. 선생님들의 질을 높이기 위한 노력은 지금도 세계 곳곳에서 하고 있지만, 실제적으로 교육적인 도움이 되기는 어려운 것이 제3세계의 현실이다.

어떻게 가르칠지 모르는 선생님도 많지만, 교사가 되고 싶어서 된 사람이 많지 않기 때문에 교사로서의 삶에 에너지가 없는 경우가 많은 편이다. 그래서 많은 교육 프로그램들은 그들을 전문가로 업그레이드하는 개발(professional development)과 훈련(training)에 중점을 두게 되는 것이 사실이다.

제3세계 교사들이 학교에 오래 붙어 있지 못한다면, 그들에게 소명의식을 강조하면 되지 않겠느냐는 말을 들은 적이 있다. 그러나 입에 풀칠하기 위해 온 사람들에게 비전과 미래가 어떤 것이라고 말한들 누가 움직이겠는가. 군대에서 잠시 견디면서 제대 날짜만 바라보고 있는 사람에게, 미래의 군대 양성을 위해 한 몸 바치라고 한다면 누가 그 명제에 동의하고 몸을 던질까?

그런 기대를 한다는 것은 이미 그런 사람들에 대한 충분한 이해와 공감을 하지 못한다는 사실을 증명하는 것이나 다름없다.

분명해서 가는 길이 아니다

내가 청년 시절에 들었던 소명이니 비전이니 하는 이야기는 인생의 계획과 목표를 설정하고, 그것을 향해 달려가는 모습에 관한 것이었다. 하지만 나는 기본적으로 어디에 잘 정착하지 못했다. 확신이 부족해 보이는 내가 비정상으로 보이곤 했다. 주변 친구들 가운데 인생의 소명이 분명해 보이는 녀석들을 보면서, 그러지 못한 나 자신에 대한 자괴감이 가득했던 기억이 난다.

내가 처음에 이 학교에서 사역하기 시작했을 무렵, 내겐 학교 경영이 어려울 것 같아서, 어떻게든 학교를 빨리 접고 교회와 관련된 일을 하고 싶었다. 그래서 오히려 처음 5년 동안은 학교를 세우기 위한 노력을 많이 했다. 일단 맡은 것이 학교이니까, 학교부터 바로 세워야 다른 일을 할 수 있을 것 같아서였다.

남들은 학교가 크고 학생도 많아서 좋겠다고 말하였지만, 나는 학교에서 일하는 것이 내가 생각하는 선교사의 그림에 전혀 맞지 않았다. 내가 목표로 했던 사역의 방향과 성격에 비해 전혀 다른 업무이기도 했다. 사람을 뽑고 평가하고 예산을 수립하는 일들이 부담스러웠고 솔직히 하기 싫었는데, 그런 수많은 업무

가운데 특히 하기 싫었던 일이 지출에 대해 사인하는 것이었다. 매달 돈 걱정을 해야 하고, 그래서 돈을 모아야 하는 행정 업무는 내가 어려워하는 행정 업무 중에서도 가장 어려웠다.

그런 내가 교육자로서 나 자신의 소명을 찾기까지 걸린 시간이 10년 정도였다. 하물며 함께 일하는 이 선생님들은 어떨까 하는 생각을 했다. 그들이 선생님이 되어가는 길 가운데에서, 선생님으로서 정체성과 소명의식을 찾아가는 데 걸리는 시간은 과연 얼마일까? 모든 사람이 그러한 혼란 가운데 직업으로서 살아가는 공동체가 교사 집단이다. 제3세계는 특히 그럴 것이다.

그래서 나는 종종 선생님들에게 설교할 때, 비전이니 소명이니 하는 것들이 처음부터 결정되거나 확고부동한 명제를 가지고 교사가 되는 것은 아니라고 격려한다. 오히려 안개 속을 걸어가는 것처럼 혼란 속에서 살아가는 가운데, 때가 차서 발견되는 소명이라는 부분이 있음을 상기시킨다. 무엇보다 이런 과정이 비정상적이거나 무언가 부족한 상태가 아니라, 지극히 정상적인 과정을 밟고 있는 것이라는 사실을 주지시킨다.

그래서 혼란스러운 안개 속을 걷는 것 같지만, 그 속에서 혼자가 아닌, 누군가와 함께 가고 있는 공동체가 중요한 역할을 하게 된다고 말하게 된다. 교사들끼리 공동체 의식을 느끼는 것이 중요하다고 말해주는 것이다. 비영리 집단, 특별히 기독교 집단은 이와 같이 강한 비전과 확신 속에서 공동체로서 운영되어야 하며, 각 구성원이 이런 마음가짐을 가지는 것이 중요하다.

기독 선생님이 되는 길

다윗의 어린 시절에 대한 앞 장의 글에서 언급했던 내용과 연관 지어 재미있는 사고의 전환을 해보았다.

우리 학교 선생님들을 조사해보니 공부 좋아하는 사람이 별로 없었다. 선생님들에게 물어보았다.

"학창 시절에 공부하는 것을 좋아했는가?"

"공부하는 것이 즐거워서 지금도 즐겨 공부를 하는가?"

아무도 대답하지 못했다. 그도 그럴 것이, 공부를 잘했다면 이학교에 와 있지 않았을 것이다. 그랬던 그들이 선생님이 될 수있는 이유는 단 한 가지다. 공부가 재미없고 학교가 즐겁지 않은 공간임을 인생에서 충분히 경험했던 그들이야말로 이 가난한학생들의 짐을 함께 짊어질 수 있기 때문이다. 그러므로 이 선생님들이 공부를 더 열심히 하라는 지적과 책망으로 학생들을 다그치는 것이 아니라, 그들의 인생 무게를 공감하고 함께 나눠질수만 있다면, 이들은 부르심에 충분히 응답하고 있다는 생각이들었다.

어른이 된다는 것, 선생님이 된다는 것을 더 이상 공부를 하지않아도 되고, 시험을 보지 않고 평가를 받지 않는다는 기준으로 본다면, 선생님은 아주 안전한 직업이고 학교 또한 안전한 장소이다. 그러다 보니 학생들에게 하는 잔소리와 질책이 참으로 많다. 마치 본인들은 어릴 때 얌전하고 선생님 말씀 잘 들었던 사람인 것마냥 말이다.

우리 학교의 교사 중에는 아버지가 알코올 중독자여서 깨어진 가정에서 자란 사람이 있다. 시골에서 태어나 영어를 한 마디도 못한 채, 자식을 버리고 떠난 아버지를 찾아 상경했다가 교사가 된 사람도 있다. 가족 중에 누구도 배운 사람이 없었지만 혼자 공부해서 수학의 달인이 된 사람도 있다. 사연 없고 문제없는 사람은 우리 가운데 아무도 없다.

나는 그런 선생님들에게 "기독 선생님이란 우리의 예전 모습을 기억하면서, 나와 같이 되지 말라고 아이들을 다그치고 혼내는 사람이 아니다"라고 이야기해주었다. 기독 선생님이 되는 길은 오히려 학생들의 무거운 짐을 같이 지어줄 수 있는 공감으로부터 시작해야 한다고 말했다.

교실에 돌아가서 학생들을 돌아보면, 분명 그 교실 안에 교사 자신과 비슷한 문제를 안고 학교에 와서 공부해야만 하는 학생들이 앉아 있을 것이다. 그들 중에 다수는 학업 성취도가 낮을 확률이 많다. 그들에게 단순히 열심히 노력하고 공부하라고 말하는 대신, 우리만이 전해줄 수 있는 치유의 손길과 기도가 있지 않을까, 생각해보라고 했다. 그래서 우리 같은 연약하고 문제 많은 사람들에게 교육을 맡긴 것일 수도 있다고 말해주었다. 그것이 하나님이 이 땅의 문제를 치유하는 방식이고, 하나님 나라의 원리이니까.

존재론적 교육의 원칙

교육대학원 석사 시절에 파커 팔머(Parker Palmer)의 책을 가지고 공부한 적이 있다. '가르침이란 공간을 만드는 행위'라는 그 책의 내용이 의미하는 것이 무엇인지에 대해 토론했다.

그때 나는 물리학 관련 지식에 한창 관심이 있었다. 그래서 물

유치원 수업
햇살이 비친 언약학교의
유치원 교실 풍경.

체의 질량으로 인해 파생되는 공간의 왜곡 현상으로 이 주제를 설명했다. 선생님이 가지고 있는 삶의 무게가 가진 질량이 만들어내는 공간에서, 학생들이 행성처럼 궤도를 돌면서 상호작용을 통해 배움이 일어난다는 설명이었다. 교수님이 내 아이디어가 참신하다고 격려해주신 기억이 난다.

제3세계에 있으면 있을수록 무엇을 배우고 성장하는 과정에 대한 고민이 커진다. 그 고민은 더욱 본질을 파고들게 만든다.

'배움의 작용이란 어떻게 일어나는 것일까?'

'우리는 무엇을 가르치고 학생들은 무엇을 배워가고 있는 것일까?'

우리는 학교에서 선생님들과 이런 딱히 정해지지 않는 답을 향한 여정을 매일 아침 예배를 통해서 찾아가고 있다. 학생들 앞에 서는 선생님들의 삶의 무게가 좀더 무겁게 느껴지도록, 예배에서 골치 아픈 주제들을 던지고 생각하게 한다.

그런 가운데, 최근에 찾은 답이 있었다. 그건 우리가 사랑받는 존재임을 진심으로 깨달을 때, 우리는 우리를 사랑해주는 그 상대방을 닮아가는 방식을 취한다는 것이다.

교실 안에서 선생님이 선호하는 학생이 누구인지는 분명하다. 공부 잘하고 말 잘 듣는 학생이다. 그러다 보니 교실 안에 존재하는 룰(rule)은 선생님에게 사랑받을 만한 결과물을 내거나 그 마음에 들 행위를 하는 것이다. 그런 행위를 하게 만드는 동기의 극점은 선생님이 화가 났을 때처럼 무서운 상황 속에 있을 때일 것이다. 그럴 때, '과연 나는 (선생님에게) 사랑받는 자인가'에 대한 믿음에 따라 나타나는 행동이 다르다.

이것은 단순히 교사가 학생을 친절하고 나이스하게 대해야 한다는 것만을 의미하는 교훈이 아니다. 학생들이 언제나 사랑받고 있는 존재임을 깨닫게 해주자는 것이다. 이것은 친밀한 관계를 의미하는 것 이상이다. 존재론적인 접근에 가까운 교육의 원칙이다. 교사가 학생들에게 믿음을 보이고 요구하는 행위를 포함한다.

'선생질'에 대한 사회적 압박감

제3세계에서, 특히 내가 살고 있는 나라에서 기독 선생님으로 살아가기 어려운 요소 중의 또 다른 하나는 사회적으로 낮은 지위와 사회적 압박으로 인한 것이다.

제3세계 나라들이 대개 그렇듯이, 이런 나라 사람들은 여유롭고 시간이 많다 보니 주로 이야기하는 것을 좋아한다. 시간이 날 때마다 차를 마시면서 이런저런 신변잡기를 이야기한다. 그래서 "네팔에는 비밀이 없다"라는 농담이 있을 정도이다.

이런 자리에서 주로 하는 이야기의 주제는 "어떻게 하면 돈을 많이 벌까?" 하는 것과 "노후를 어떻게 준비해야 하는가?", 그리고 "땅을 어떻게 구해서 집을 어떻게 지어야 하는가?"가 90퍼센트 이상을 차지하게 된다. 그러다 보니 교사라는 직업을 가지고 있는 사람들은 "그렇게 살다간 평생 집도 미래도 없이 살아가야 할지도 모른다"는 말을 부담스럽게도 지속적으로 듣게 된다.

멘털이 강하다면 상관이 없겠지만, 미래가 불확실한 상황에서 살아가는 사람들은 귀가 팔랑일 수밖에 없다. 주변에 돈 많이 버는 직업을 가진 자들의 성공 이야기를 듣다 보면 자연히 그곳으로 마음이 쏠리게 된다.

무엇보다 가족과 친지들의 압박이 무시못할 수준이다. 결혼이 늦어지는 사람이 친지를 만날 때마다 결혼하라는 이야기를 듣는 것처럼, 주변에서 가까운 사람들로부터 지속적으로 '선생질'을 그만두라는 압박을 받게 된다.

발달된 나라에서는 개인의 의견을 중요하게 여기니 무시하면 그만일 테지만, 이 나라에서는 다른 이의 의견을 무시하면 그 사람을 무시하는 것으로 여기고, 때로는 관계가 단절돼 고립된 채 살아가야 할 수도 있다. 따라서 단순히 한 귀로 듣고 흘릴 수 있는 말이 아니다. 그런 만큼 이 나라에서 선생님으로, 그것도 기독 선생님으로 살아가는 사람들이 안고 가야 할 삶의 무게는 매우 무겁다.

사무엘상 24장 앞부분을 보면 사울을 죽일 수 있는 절호의 기회를 맞이하였던 다윗이 사울을 죽이라는 주변 사람들의 요구고 "땅을 어떻게 구해서 집을 어떻게 지어야 하는가?"가 90퍼센트 이상을 차지하게 된다. 그러다 보니 교사라는 직업을 가지고 있는 사람들은 "그렇게 살다간 평생 집도 미래도 없이 살아가야 할지도 모른다"는 말을 부담스럽게도 지속적으로 듣게 된다.

멘털이 강하다면 상관이 없겠지만, 미래가 불확실한 상황에서 살아가는 사람들은 귀가 팔랑일 수밖에 없다. 주변에 돈 많이 버는 직업을 가진 자들의 성공 이야기를 듣다 보면 자연히 그곳으로 마음이 쏠리게 된다.

무엇보다 가족과 친지들의 압박이 무시못할 수준이다. 결혼이 늦어지는 사람이 친지를 만날 때마다 결혼하라는 이야기를 듣는 것처럼, 주변에서 가까운 사람들로부터 지속적으로 '선생질'을 그만두라는 압박을 받게 된다.

발달된 나라에서는 개인의 의견을 중요하게 여기니 무시하면 그만일 테지만, 이 나라에서는 다른 이의 의견을 무시하면 그 사람을 무시하는 것으로 여기고, 때로는 관계가 단절돼 고립된 채 살아가야 할 수도 있다. 따라서 단순히 한 귀로 듣고 흘릴 수 있는 말이 아니다. 그런 만큼 이 나라에서 선생님으로, 그것도 기독 선생님으로 살아가는 사람들이 안고 가야 할 삶의 무게는 매우 무겁다.

사무엘상 24장 앞부분을 보면 사울을 죽일 수 있는 절호의 기회를 맞이하였던 다윗이 사울을 죽이라는 주변 사람들의 요구

16

영원을 줄 수 있는 교육

선생님이 되고 싶지 않았던 사람들로 교사 조직이 구성된 제3
세계의 학교는 가장 기본적이면서 근본적인 부분부터 만져주어
야 한다. 선생님으로서 현장에서 필요한 것, 즉 가르칠 수 있는
기술을 배우고 실력을 갖추기 이전의 본질적 상태인 '가르침과
배움(teaching & learning)에 대한 근본적인 질문들', 혹은 '선생
님이란 무엇인가'에 대한 교육철학의 기본적인 답을 찾아가기
위한 여행을 스스로 하도록 격려해야 한다.

   선교지에서 '무슨 이렇게 골치 아픈 주제를 고민하느냐?'라고
생각할 수 있겠다. 하지만 가르치는 기술이 '기술자'(테크니션)를
만들 수는 있지만 선생님이 되게 할 수는 없다. 교사를 지식을
전달하는 도구로서 쓸 수는 있겠으나, 가치를 나눌 수 있는 스승
이 되게 하기는 힘들다. (그 가치가 복음이라면 특히 그렇다.)

   〈타임〉지에서 "모든 공립학교 교사를 IT 디바이스로 바꾸자"
라는 기사가 나온 적이 있다. 이런 가설이 나온 근본적인 이유는
선생님을 단순히 지식을 전달하는 '교육 매개체' 정도로 보기 때

문이다. 지식적으로만 본다면, 구글이나 위키피디아가 선생님보다 나은 것이 사실이다.

　그래서 네팔 같은 나라일수록 교육 철학적인 본질적 고민이 더욱 필요해진다. 이 골치 아픈 주제를 교사들과 같이 드리는 예배에 끌어들이고, 고민하고 씨름하는 학습공동체를 학교 안에 구현해내는 것이 생각보다 어렵다. 하지만 포기하지 말아야 할 가치이기도 하다.

수술환자 회복이론

제3세계 사람들은 모든 면에서 부족하고 아는 것이 적기 때문에, 그들의 피부에 와닿는 지적(知的) 필요를 채워주어야 한다고 말하는 사람들이 많다. 기본적인 지식을 채워주면 그만이라고 생각하는 것이다.

　교육을 받지 못하는 것보다야 낫겠지만, 그러나 단순히 읽고 쓰는 교육만으로는 그들 자신의 오랜 굴레를 벗고 극복할 힘은 스스로 갖기 어렵다. 그래서 제3세계일수록, 가장 근본적인 철학적 문제가 그들이 가장 필요로 하는 현실적인 부분과 만날 수 있다는 사실을 우리는 기억해야 한다. 가장 근본적인 '속'의 무엇이 가장 필요한 '겉'의 무엇과 만날 수 있기 때문이다. 그러므로 그들에게는 가벼운 지식이 우선이 아닐 수 있다.

나는 교육학자로서, 이것을 '수술환자 회복이론'과 연결지어 생각하게 되었다. 수술환자 회복이론이란 수술받은 환자에게 중요한 회복 원칙이다. 수술받고 몸이 약해진 환자들이 병상에서 빨리 일어나기 위해서는 몸의 자연적 회복을 위해 영양분이 가장 높으면서 소화가 잘되는 음식을 주어야 한다. 고열량, 고단백의 음식을 소화하기 쉬운 형태로 섭취해야 하는 것이다.

이와 마찬가지로, 제3세계의 교사와 학생들은 교육학적으로 가장 열악한 상태이므로 수술환자라고 간주하면서, 가장 첨단의 지식을 그들이 소화하기 쉽게 전달해주어야 한다. 전복죽이나 소고기죽처럼 재료를 잘게 쪼개고 먹기 부드럽게 만든 음식을 주는 것이 몸이 약해질 대로 약해진 사람을 위한 배려인 것과 원리가 같다. 그래서 아무리 어렵고 힘든 주제라 해도, 어떻게든 그들이 이해할 수 있는 형태로 만들어주기 위해 치열하게 고민하고 지식을 잘게 쪼개주는 작업을 해주어야 한다.

우리나라처럼 발전된 나라의 학생들은 주입식이든 무슨 방식이든 상관없이 딱딱한 음식 소화하듯 다양한 교육을 감당할 수 있지만, 제3세계의 학생들 대부분은 주입식 교육 방법에서 벗어나기 어렵다. 그런데 주입식 교육은 일반 음식과 같은 것이어서, 제3세계 학생들이 소화하기 어렵다.

여기는 선교지이니까, '이 사람들에게는 이만큼이면 충분하겠지' 하는 안일한 생각으로 제공되는 주입식 교육은 이들에게 너무 힘들다. 물론 더러는 따라오는 학생도 있지만, 따라오지 못해서 중후반으로 쳐지는 대부분의 학생들이 내 눈엔 늘 밟힌다.

거듭 강조하지만, 이런 학생들은 수술을 마친 환우처럼 기본적으로 몸(지적 능력)이 약하다고 가정해야 한다. 따라서 교육 내용과 방법도 수술환자를 위한 고열량 음식처럼 소화할 수 있는 것이어야 한다. 고영양이면서도 소화는 잘될 수 있도록 커리큘럼과 교과 내용을 정교하게 디자인해주어야 한다.

고영양 교육이라 해서, 무조건 높은 기준의 어려운 내용을 그대로 전달하는 것이 아니다. 내용은 어려워도 잘 흡수될 수 있도록, 아주 직관적이면서도 잘게 쪼개주는 디테일이 필요하다. 그리고 그 교육 내용은 가급적이면 첨단이어야 한다.

제3세계에서 행해지고 있는 교육 프로그램의 대다수가 선진국들이 과거에 사용했던 것들을 가져다 사용하는 것인데, 나는 오히려 동시대에 가장 핫(hot)하게 뜨고 있는 최신의 내용을 잘게 쪼개서, 소화할 수 있는 형태로 만들어주어야 이 나라 학생들에게 도움이 될 수 있다고 생각한다.

나는 이 수술환자 회복이론을 내가 담당하고 있는 컴퓨터 교실에 이렇게 응용해보았다. 워드 프로그램 사용법을 가르치는 것은 실제적으로 필요하지만, 어떤 면에선 일반 음식을 주는 것 같았다. 그래서 '어떻게 하면 컴퓨터라는 음식을 고열량 고단백으로 씹기 좋게 해줄까' 고민하다, 프로그래밍 C 언어를 가르치기로 했다. 덕분에 내가 대학생 때 전산 과목에서 잠시 공부하고 거들떠보지도 않던 C 언어 책을 다시 보기 시작했다. 프로그래밍 언어를 통해 컴퓨터와 어떻게 소통하는지에 대해 가르치기 위해서였다. 이것은 워드 사용법 강의보다 어려울 수 있지만, 학생들의 눈에 호기심이라는 등불이 반짝이기 시작하는 걸 볼 수 있었다. 교육은 그런 것이 아닌가? 선생님이 할 일은 학생들에게 호기심이라는 공간을 창출해내는 것이다.

선택할 수 있는 자유를 주는 교육

'수술환자 회복이론'과 더불어 제3세계 학교와 학생들을 위해 필요한 것은 '스스로 선택할 수 있는 자유'를 줄 수 있는 학교 환경이라고 생각한다.

오랜 세월, 이 학교에서 다양한 학생들을 가르치고 졸업시키면서 아쉬운 것들이 있었다. 공부를 잘하고 성실한 학생들은 많았다. 하지만 그들의 졸업 후의 진로를 보면 아쉬운 점이 좀 있었다. 그 정도 재능과 성실성이 있으면 좀더 도전할 만한 것들이 있는데, 자신들이 속해 있는 문화를 뛰어넘지 못한 채 세상의 전형적인 성공의 길로 가는 것을 보았다. 학생들 대부분이 그랬다.

학생들이 사회가 가지고 있는 전형적인 직업관과 성공관으로부터 벗어나지 못하는 것을 보면서, '왜 그럴까?' 하는 고민

언약학교 단체사진
2013년에 언약학교를 방문한 분이 찍어준 전교생 단체사진.

을 했다. 그 대답을 맥시 그린(Maxi Green)이나 진 애니언(Jean Anyon)의 논문인 '학교 자유도와 경제력의 상관관계'에서 찾아 본 적이 있다. 가난한 지역의 학교일수록 학교에서 학생들에게 강하게 통제하는 규칙을 가지고 있다는 내용이었다. 반대로 부 자들이 다니는 학교일수록 학생들의 선택 폭이 커지고 자유도 가 많아진다는 것이 그 논문의 결론이었다.

　제3세계 학교들은 단순히 주입식일 뿐 아니라, 모든 행동의 패턴이나 규칙들을 군대식에 가깝도록 통제하는 방식인 것을 종종 본다. 학생들 스스로 선택할 수 있는 자유를 주려고 하지 않는다. 물론 기본적인 규칙조차 없는 학교는 금방 혼란스러워질 것이다.

언약학교 놀이터에 기구를 들여놓으면 하루만에 망가지는 경우가 부지기수였다. 아이들이 상상을 뛰어넘는 행동을 했기 때문이다. 그래서 어떻게든 통제 프로그램을 만드는 것이 이곳의 유형이라는 점이 이해는 되었다. 그렇지만, 그런 통제 프로그램은 아이들로 하여금 시스템에 복종하도록 만드는 '숨은 커리큘럼'(hidden curriculum)을 만든다는 것이 맥시와 애니언의 논문 내용이다.

제3세계의 교사와 학생들을 수술환자로 보고 접근하는 것과, 가능한 통제하지 않고 자유를 주는 것, 이 두 가지 벽을 뛰어넘지 않고서는 제3세계에서 교육이란 그저 '주고 싶은 자들이 주는 일종의 도움'밖에 될 수 없다. 근본적인 해결이 어려워진다. 물론 그런 도움조차 아쉬운 게 이곳의 실정이지만, 영원에 기대어 사는 우리의 삶이 영원을 줄 수 있는 교육이 되기를 소망해보며 오늘도 고민을 계속한다.

17

네팔의 선생님을 위한 학교

언약학교는 '선생님을 위한 학교'라는 소명을 기초로 삼아 사역하는 학교이다. 그곳에서 그리스도 예수라는 이름으로 인해 그들의 삶이 변하고 성장하는 과정을 보는 일은 너무나도 아름답다. 함께 일하는 일터라는 공간 속에서, 말씀을 붙잡고 씨름하는 '해석 공동체'로서 드리는 매일의 예배가 선생님들의 삶에서 일하는 증거를 보는 것만큼 즐거운 일은 없기 때문이다.

예수님이 "나의 양식(food)은 '다른 것'이다"(요 4:34)라고 말씀하신 것처럼, 함께 사역하는 선생님들의 변화를 보는 일은 내게 새로운 에너지이며, 능동적이고 창조적인 아이디어의 원천이라고 생각한다. 그렇게 변화되어온 교사들 가운데 몇몇 기억나는 선생님들이 있다.

비샬 선생님

비샬 선생님은 스무 살이 갓 넘었을 무렵에 네팔 동쪽 끝에서 카트만두에 왔다. 그가 살던 동네에 전도팀이 남겨두고 간 성경책이 있었다. 그것을 읽으면서 마음속에 예수에 대해 알고 싶다는 소망이 생긴 초신자였다. 그는 카트만두에 와서 교회를 다니기 시작했다. 그의 고향에는 교회가 없었다. 힌두교 배경에서 자란 그는 기독교에 대한 호기심을 홀로 품고 있었다.

카트만두에 연고가 없는 사람이 시골에서 올라오면 자연스럽게 고향 선배를 찾아가는 일이 보통인데, 그 또한 카트만두에 와서 고향 사람들이 살고 있는 동네에 거주했다. 그곳이 하필 우리 학교 근처였다. 또한 감사하게도 그의 고향 선배가 목사님이었고, 학교 근처에서 교회를 하고 있었다.

그 목사님은 우리 학교에 자녀와 홈스테이를 시켜주는 아이들을 보내고 있던 학부모여서 비샬을 우리 학교의 교사로 추천해주었다. 카트만두에 자리잡고 있는 고향 선배가 시골에서 온 후배 청년의 일자리를 구해주는 것은 흔한 일이다. 대학생이 된 비샬은 일자리가 매우 필요했기에 우리 학교에서 교사로 일하기로 하였다. 비록 영어를 한 마디도 못했지만 네팔어는 할 수 있기에 초등학교에서 네팔어를 가르치는 일을 시작했다.

비샬은 말이 별로 없고 수줍음이 많은 청년이었다. 하지만 늘 성실하게 수업에 임하고 열심히 배우려는 자세를 볼 수 있었다. 그가 왔을 무렵에 초등학교 교감선생님으로 일하던 사람은 사이먼이었다. 잘생기고 영어 잘하고 일도 잘했다. 성격이 외향적이고 붙임성도 좋아서 누구나 그와 가깝게 지냈다. 젊은 사람이 한마디를 하면 열 마디를 알아듣고 일을 척척 해내는 것도 좋았다. 리더십이 있어서 선생님들을 통솔하는 일도 잘 해냈다. 이런 사람을 리더로 키워내면 나중에 교장선생님으로 세워도 손색이 없을 것 같았다. 그럴 만큼 탁월했다.

그런데, 내가 잠시 한국에 선교사역을 보고하기 위해 2주 정도 네팔을 비웠을 때였다. 그 와중에 사이먼 선생님이 우리보다 큰 학교의 교감선생님으로 스카웃 제안을 받아, 학기 중인데도 아무 말 없이 이직해버렸다. 믿었던 사람이 이직했다는 사실은 충격이었다. 무엇보다 나에게 한 마디 상의도 없이 가버렸다는 사실이 못내 서운했다.

새로운 초등학교 교감선생님을 뽑아야 했다. 교장선생님은 그때 학교에는 오래 일한 베테랑 교사가 없었기에 '외부에서 수혈하자'고 제안했다. 나는 학교의 정신을 알지 못하는 외부인을 영입하기보다 내부에서 뽑는 것이 좋지 않겠느냐고 제안했다. 당시 교사 중에 교감 후보로는 남자 선생님이 두 사람밖에 없었

비샬 선생님

는데, 비샬과 다른 선생님이 그 둘이었다. 둘 다 '입사 동기'인데, 비샬이 아닌 다른 선생님이 공부를 더 잘하고 영어도 할 줄 아니 그 사람을 교감으로 정하자고 교장이 제안했다. 나는 "성경에서 맡은 자에게 구할 것이 충성이라고 하지 않았느냐?"라는 논리로 비샬 선생님을 강력하게 추천했다.

내가 비샬을 추천했던 이유는 무엇보다 그의 성실한 자세 때문이었다. 말 몇 마디도 서로 깊이 나눠본 적이 없었지만, 그는 늘 묵묵하고도 성실하게 교사 일을 담당했다. 그런 모습을 보고 그를 추천했던 것이다. 영어 잘하고 능력 좋은 다른 선생님을 선택할 수도 있었지만, 사이먼 선생님의 경우를 통해 내 안에 세상적 기준으로 사람을 보고, 조직에 도움이 되는 사람을 선택하려는 욕망이 있는 걸 발견했기 때문이다.

그때는 비샬 선생님이 비록 부족했지만, 부족한 부분은 내가 옆에서 보좌해줄 테니 그에게 시간을 주자고 교장을 설득했다. 다행히 교장이 받아들였다. 그렇게 해서 교감 업무를 시작한 비샬 선생님은 본래 성품대로 성실하게 초등학교 교감선생님 자리를 감당하기 시작해 지금까지 사역하고 있다. 특유의 성실함으로 스스로 영어도 공부하고 리더십을 성장시켰다. 무엇보다 학교에서 드리는 아침 예배를 15년간 성실히 참석하는 신앙의 동역자가 되었다.

언약학교는 매일 아침 선생님들이 예배를 드리는데, 내가 선교사로서 가장 중요하게 힘을 쓰고 있는 부분이 말씀과 기도이다. 매일 말씀을 가지고 씨름하면서 기독교 교육과 기독 교사에 대해 성경적 해석을 고민하고 가르쳐 왔는데, 비샬 선생님은 그 예배를 통해 인생의 가치관과 방향이 변화된 열매이다.

어느 날 예배를 드리고 나오는 아침, 비샬 선생님이 영어로 말할 수는 있지만 쓰기를 어려워하는 학생들을 위해 구술시험을 하는 것이 어떻겠느냐고 제안했다. 학력이 약한 학생들을 위해 단순히 쓰는 것만이 아니라, 구술을 통해서도 학습 성취도를 확인하여 성적에 반영하고 싶다는 것이었다. 그의 그런 마음은 말씀을 깊이 묵상해서 생긴 것이었다. 시간이 좀 더 지나서는 학생들을 시험으로만 평가하는 것에 대해 고민하며, 완전히 새로운 평가 아이디어를 가지고 오기도 했다. 그는 학생들 중에 공부를 어려워하는 경우가 있으면, 그들을 위해 방과 후 교실을 열어서 돕는 것을 늘 기뻐했다.

그가 교사로서 성장할 수 있었던 배경은 교육학 석사와 박사 과정을 공부해서가 아니었다. 말씀에 대한 갈망과 예배를 통해 변화된 것이다. 그랬기에, 그의 변화는 나에게도 깊은 통찰과 깨달음을 줄 수 있었다.

이제는 그가 교사로서 베테랑이며 능력있는 교감선생님이 되었음에도 불구하고, 다른 학교로 이직하기보다 나와 함께 언약 학교에서 네팔의 기독학교를 위해 고민하고 꿈꾸며 헌신하는 모습이 무엇보다 귀하다. 20대 청년의 모습으로 언약학교에 왔던 비샬 선생님은 지금은 세 딸의 아버지이자 믿음의 사람이 되었다.

그가 최근에 자신의 삶을 간증하는 시를 써서 내게 보여주었다. 그 내용이 감동적인 건 물론이고, 문학적으로도 탁월해 보였다. 그를 소개하는 이 대목에 그 시를 붙이려다가, 이 책의 마지막에 편집하였다. 그의 고백이 선교사로서 살아온 내게 면류관 같아서이다. (지금 마지막 페이지를 찾아가지 마시고, 이 책을 끝까지 읽은 다음 보시길 바란다.)

기따 선생님

기따 선생님도 스무 살에 대학생이 되었을 때 언약학교에 왔다. 기따 역시 교회 목사님 추천으로 왔는데, 그녀의 가족과 언약학교는 특별한 관계가 있었다. 기따의 삼촌과 친척들이 다 언약학교에 자녀들을 보내고 있었기 때문이다.

기따는 늘 말이 없었고 질문을 해도 답이 없었다. 영어를 잘하지 못했기 때문이다. 그래서 유치원의 보조교사로 교사 일을 시작하게 하였다. 기따는 학생들에게 네팔어를 가르치고 돌보는 수준의 일밖에 할 수 없다고 교장선생님이 판단했기 때문이다. 기따 역시 본인의 의지로 선생님이 되었다기보다, 대학생으로서 남는 시간에 아르바이트를 하는 식으로 일하기 시작한 것이다. 우리는 그녀가 대학을 졸업하면 결혼하는 네팔 여성의 일상적인 패턴을 따를 줄 알았다.

유치원 교사라고 하면 일반적으로 밝고 외향적이면서 활동적인 모습을 기대한다. 하지만 기따는 그것과 완전히 반대의 성향을 가지고 있었다. 학교에서 있는 듯 없는 듯했고, 주어진 일만 하였다. 전형적으로 수동적이었다. 말이 별로 없다 보니 무슨 생각을 하고 있는지 알 수 없어서 성격은 어떤지, 인생 계획이 무엇인지도 알 수 없었다.

그런 가운데, 유치원에서 핵심으로 일하던 선생님이 그만두게 되면서 코디네이터(유치원장) 자리가 비게 되었다. 학교 안에는 그 자리를 맡을 사람이 마땅치 않았다. 역시 교장선생님은 경험있는 선생님을 외부에서 데리고 와야 한다고 말했다. 대부분

기따 선생님의 풍선아트 교실
유치원 학생들에게 풍선으로
강아지 모양을 만드는 법을 가
르쳐주는 모습.

의 유치원 여자 선생님들이 수동적이고 영어도 잘 못하기에, 리더십이 있고 말도 잘하는 선생님이 당연히 필요하다는 의견이었다. 하지만 그때도 나는 기따에게 코디네이터 일을 맡기자고 추천했다. 특별히 이유가 있었다기보다, 기따 같은 사람이 교사로서 성장할 수 있는 자리와 시간이 필요하다고 생각했기 때문이다. 무엇보다 우리 학교에서 매일 드리는 말씀과 기도의 시간이 가지고 있는 힘을 나는 믿었다. 기따 역시 학교에서 3년 이상 근무하면서 매일 말씀을 듣고 경험하는 시간을 보냈기에, 나는 그녀가 코디네이터 일을 할 수 있다고 확신했다.

그녀의 부족한 부분을 도와주기 위해 내가 할 수 있는 일은 교육 관련 컨텐츠 개발이었다. 당시는 아이패드 1세대를 지나 2세대가 나올 시점이었다. 나는 애플의 아이패드 미러링 시스템으로 대형 텔레비전에 영상을 보여주는 영어 교육 시스템을 구축했다. 아이패드에 영어 교육 컨텐츠 앱을 다운받아, 아이패드와 연결된 텔레비전으로 영어 교육을 시키는 것이었다. 그렇게 함으로써 영어가 부족한 기따 선생님을 도울 수 있었다.

기따 선생님에게 이 프로그램을 도입한 이유는 우선 학생들의 공부를 위한 것이었다. 한편으로는 기따 같은 선생님이 영어를 쉽게 가르칠 수 있다면, 이런 교육 프로그램이 시골 산속에 있는 학교 선생님들에게도 큰 도움이 될 수 있다고 보았기 때문이다. 그렇게 해서 이 프로그램을 시작하도록 기따를 설득했고,

우리 학교는 비공식적이지만 네팔에서 처음으로 IT 기계를 통해 학생들을 가르치는 학교가 되었다.

실제로 기따는 나중에 지방의 산속에 있는 학교에서 일하는 선생님들에게 IT 디바이스를 통한 영어 교육법을 가르칠 기회를 얻었다. 내가 처음에 예상한 대로, 그녀의 연약함이 다른 이들을 도울 수 있는 모습으로 귀하게 쓰임받은 것이다.

기따는 20대에 우리 학교에 와서 10년간 유치원 코디네이터로서 성실하게 일했다. 무엇보다 그녀의 내성적이고 진중한 성격은 여자만 있는 유치원 선생님들 사이에서 중심을 잡아주었고, 오래 가르친 경험 덕분에 베테랑 영어 선생님이 되었다.

늦은 나이에 시집가서 이제 두 아이의 엄마가 된 기따는 지금도 가끔 잠을 잘 때 학교에서 가르치는 꿈을 꾼다고 한다. 그때 함께 일했던 여자 선생님들과는 지금도 정기적인 모임과 기도회를 가지면서 언약학교와 나를 위해 기도하고 있다.

안재나 선생님

인도 사람인 안재나(Anjana) 선생님은 인도에서 네팔에 온 기독교인이었다. 인도의 기독교인들 중에는 교회 사역과 일자리를 위해 네팔에 오는 사람이 많은데, 안재나도 그런 사람이었다.

안재나는 고등학교만 졸업한 다음 네팔로 와서 일자리를 찾고 있었는데, 언약학교 근처의 교회 목사님이 추천해주셔서 언약학교에서 유치원 선생님으로 일하기 시작하였다. 고등학교만 졸업한 교사는 주로 유치원 보조 교사로서 아이들을 돌보거나 쉬운 과목을 가르친다. 그녀 또한 그렇게 초기 시절을 보냈다.

안재나는 자그마한 체구와 똘똘한 얼굴만큼 활달하고 일도 무척 잘했다. 가정 형편이 어려워 대학교는 다니지 못했지만, 일머리가 무척 빠르고 똑똑해서 학교 생활에 빠르게 적응했다. 하지만 네팔에 온 인도 사역자들이 성공을 위해 이직하는 경우가 많아 처음에는 크게 기대하지 않았다. '한 1-2년 정도 일하다가 나가겠구나' 하는 마음으로 지켜 보고 있었다.

안재나는 유치원 교사로서 열심히 일했는데, 워낙 당차고 자기주장이 강하다 보니 교장선생님과 종종 부딪치곤 했다. 그 때문인지 그녀 또한 인도에서 온 다른 사역자들과 마찬가지로, 일하던 도중에 좀더 많은 돈과 기회를 줄 수 있는 곳으로 이직하기 위해 학교를 그만두겠다고 말한 적이 있었다. 그녀가 어느 날 아침에 드리는 교직원 예배에서 은혜를 경험했다. 그리고 우리 학교에 남기로 결정했다.

나는 그녀에게 초등학교 영어 선생님으로서 가르칠 수 있는 기회를 주었다. 그녀가 가장 잘 가르칠 수 있는 방식의 교과 과정도 마련해주었다. 그것은 언약학교의 읽기 프로그램(literature program)이었다. 학생들이 영어책을 읽고 요약하는 간단한 과정이었다. 안재나가 학생들 관리를 잘했기 때문에, 그 과정이 그녀에게 가장 적합했다고 생각했다. 나는 그 과정의 전권을 안재나에게 위임해주고 관리하게 해주었다.

안재나는 날개가 달린 듯 초등학교에서 읽기 프로그램을 알차게 관리하고 발전시켰다. 가르치는 중에 좋은 아이디어가 떠올랐다고 제안하기도 했다. 1학년 학생들은 영어로 쓰는 것이 어려우니 책의 내용을 그림으로 요약하게 하자는 것이었다. 매우 좋은 아이디어였는지라 바로 시행하도록 해주었다.

조금 시간이 지나자, 이번에는 4,5학년 아이들은 노트 한쪽에 먼저 네팔어로 요약하고, 그것을 반대편에 영어로 번역하여 쓰게 하자고 제안하였다. 그것은 교육학에서 학생이 이중언어를 배울 때, 모국어의 중요성을 강조하기 위해 사용하는 방법 중하나이다. 대학도 나오지 않은 그녀가 그런 아이디어를 낸 것을 보고 무척 놀랐다. 그 아이디어가 "예배 시간에 지속적으로 나

안재나의 선물
안재나 선생님이 결혼 후 인도로 떠나면서, 우리 가족 사진 옆에 시편 20편 말씀을 써서 선물한 액자.

청춘을 드려
천국을 산다

눈 기독교적 가르침과 배움에 대해 고민하고, 새 창조를 해야 한다는 말씀을 고민한 결과 나온 것"이라는 그녀의 말은 성령께서 교회에 필요한 능력을 주시는 것과 같은 방식의 믿음에서 나온 것이었다.

안재나도 그렇게 10년의 세월을 동고동락하면서 언약학교의 중요한 부분을 감당해주었다. 하지만 혼기가 지나도록 결혼하지 못해서, 그녀의 남은 인생을 어떤 방식으로 책임져 주어야 하나 고민하던 무렵에 좋은 남편을 만났다. 안재나는 남편을 따라 인도로 돌아가게 되었다. 떠나는 날, 나는 그녀에게 친정오빠 같은 마음으로 고마움을 표시했다.

남편을 따라 몇 년간 인도에서 지낸 안재나는 코로나 이후 남편의 직장이 네팔에 생기게 되어 네팔에 또 오게 되었다. 그러자 언약학교에서 다시 가르치고 싶다고 찾아왔다. 그녀는 오랜 세월 호흡을 맞춰온 파트너처럼 읽기 프로그램과 학교 곳곳에 필요한 일을 잘 감당해주었다. 그런 다음, 남편의 파견 근무가 끝나면서 인도로 돌아갔다.

기따 선생님과 안재나 선생님을 비롯해 학교를 떠난 선생님들까지, 몇몇 선생님들은 지금도 줌을 통해 정규적으로 만나 서로의 안부를 묻고 기도회를 가지곤 한다. 연약한 자들이 중심이 되어 자신의 소명을 찾을 수 있도록 도와주는 선생님들의 공동체를 이 학교에 주신 주님께 깊이 감사드린다.

PART
6

청춘에게 들려주는
선교 응원가

18

고된 시절의 기억 치환법

내가 네팔에 왔을 때는 왕정에 저항하는 내전이 진행되는 중이
었다. 인터넷과 전화선도 끊겼다. 밤마다 왕정에 반대하는 사람
들이 횃불을 들고 다녔다. 자기들의 힘을 과시하는 것이었다.

　우리가 현지인의 집에 세를 들어 2층에서 살고 있던 어느 날
저녁, 집주인이 올라오더니 불을 다 끄라고 했다. 불이 켜진 집
에는 시위대가 돌을 던진다고 했다. 집에 불을 켜면 시위대에 동
조하지 않는 것으로 본 것이다. 어차피 전기가 항상 들어오지 않
았을 때라 자연스레 시위대에 동조하는 셈이 되었다.

　그때는 카트만두에서 하루에 17시간이나 전기가 나가곤 했
다. 우리가 왔을 때만 해도 전기는 아예 없다고 생각하고 살았
다. 전기가 요즘처럼 하루 종일 들어오는 건 대략 5-6년 전부터
다. 2015년의 지진 이후 국가적인 복구에 나서면서 전기 사정
도 나아진 편이다. 그전에는 겨울에도 하루에 10시간 이상 전기
가 들어오지 않았다. 그래서 전열기구가 있어도 쓸 수 없어서 추
위에 떨어야 했다.

네팔의 겨울 기온은 영하로 내려가지는 않고 한국의 이른 봄이나 늦가을 같은데, 난방이 되지 않으니 밤엔 제법 춥다. 사시사철 눈과 얼음이 덮인 히말라야를 상상하면 네팔이 북극에 가까운 나라 같겠지만, 카트만두를 비롯한 평지는 일년 내내 겨울이 없다. 그 대신, 추위에 대비하지 않는 가옥 구조 때문에 기온이 10도 이하로 내려가기만 해도 밤에는 추위를 느끼게 된다. 그래서 흙과 나무 혹은 벽돌로 지은 오래된 가옥일수록 지진에 취약했던 것 같다.

격동의 밤에 연 기도회

내전 중에는 폭동에 참여한 사람들이 길을 막고서 차를 못 다니게 한 적이 있다. 그걸 지키지 않는 사람들의 차량이나 오토바이는 타이어를 터뜨리거나 불을 지르기도 했다. 한 달에 평균 20일간 계엄령이 선포되기도 했다.

우리는 한동안 꼼짝할 수 없었다. 흥미로운 점은, 계엄령이 하루 종일 시행되는 게 아니었다는 것이다. 오전 6시부터 시작됐는데, 저녁에는 풀렸다. 그래서 계엄이 시작되기 전인 새벽에 시장에 가서 식재료를 샀다. 저녁에 다른 가게들이 문을 열면 우리도 필요한 걸 살 수 있었다.

그 시절의 네팔 상황은 심각했다. 일반 교민은 물론 대사관의

외교관들과 코이카 단원들까지 철수했다. 폭동이 절정에 이르던 날은 사람들이 왕궁으로 쳐들어간다는 소문이 돌았다. 만약에 쳐들어오면 왕이 발포하겠다는 경고를 했다. 거리에는 탱크와 장갑차가 돌아다녔다. 그런 어수선하고 불안한 날에, 네팔의 한인선교사협의회는 네팔을 떠나지 않고 호텔을 빌려 수련회를 열고 있었다. 100명 넘은 선교사들이 모였던 것 같다. 외국인들이 모두 떠난 상황에서도 떠나지 않고 네팔을 위해 기도한 것이다. 지금 생각해도, 그건 용감했다기보다 무모한 쪽에 가까웠다.

그날 밤 11시, 왕이 하야한다고 선언했다. 폭동은 순식간에 종료되고 평화롭게 끝났다. 네팔의 민주주의를 시민 스스로 쟁취한 것이다. 그래서 네팔 사람들은 자기들이 힘을 모아 어떤 정의에 대해 목소리를 내면 그걸 이룰 수 있다는 확신이 있다. 경험했기 때문이다. 네팔 선교사들은 그 격동의 밤에 기도회를 열었던 것을 자랑스럽게 기억한다.

전도 상승률 세계 1위 국가

네팔이 민주화되면서 네팔의 기독교인 수가 폭발적으로 증가했다. 힌두교 쪽에서도 나라가 혼란스러우니 기독교의 증가에 대해 별 관심을 두지 못했고 정치권의 종교적 압박도 심하지 않았기 때문 같다. 특히 네팔 교회와 네팔 사람들이 복음을 전해야 한다는 전도의식이 강한 것이 장점으로 작용했다. 네팔의 기독교는 선교사에 의해 생긴 것이라기보다 자생적이기 때문이다. 복음이 들어온 경로가 우리나라와 비슷하다.

외국 선교사가 네팔에 오기 전에 인도로 일하러 갔던 네팔 노동자들이 인도 북부에서 복음을 들었다. 그리고 고향에 돌아와 복음을 전한 것이다. 그러면서 교회를 세운 1세대가 네팔 신앙의 선조가 되었다. 그 역사는 대략 80-90년에 이른다. 네팔 기독교가 100년이 채 되지 않는 것이다.

인도 북부에서 네팔의 문이 열리기를 기다리던 선교사들이 네팔에 들어올 수 있게 됐을 때, 아름다운 일이 있었다. 그것은 선교사들이 교단이나 선교단체별로 제각각 들어온 것이 아니고 연합하여 사역했다는 점이다. 최소한 두 단체가 연합해서 들어왔다.

미국 선교사들은 UMN이라는 연합단체를 만들어 그 밑에 GBT나 인터서브 같은 단체들이 모였다. 그리고 엄청나게 큰 프로젝트를 진행했다. 네팔 왕정기였기 때문에 왕정과 조약을 맺고 병원이나 학교를 지어준 것이다. 종교적으로 부딪히지 않으려는 선교적 전략이었다. 그래서 네팔에서 가장 큰 병원과 학교들은 그때 선교사들이 지은 것이다. 그런 토대 위에 한국 선교사들이 들어간 역사가 30-40년 정도 된다. 그런 상황에서 왕정시대가 끝나자 복음 전파가 활성화되고 기독교가 부흥할 수 있었던 것이다.

네팔의 기독교인이 인구 대비 최대 5퍼센트라고 보는 사람도 있지만, 공식적으로는 1퍼센트 미만으로 발표되고 있기 때문에 실제로는 3퍼센트 정도가 아닐까 추정한다. 그러니 전체 인구가 4500만 명이라고 보면 지금은 100만 명 정도가 기독교인일 것이다.

고든 콘웰 신학교에서 연구한 바에 따르면 네팔의 인구 대비 복음화율은 여전히 낮은 편이지만, 복음화를 이룬 시간, 이른바 전도 상승률은 세계 1위이다. 부흥의 속도가 그만큼 빨랐다는 것이다.

지역 복음화에 기여한 기독교 학교

내가 학교를 섬기고 있는 이 지역에서 교회가 급속도로 성장하는 사례를 본 적이 있다. 우리 학교가 있는 동네에는 원래 교회가 하나도 없었다. 이 동네는 시골에서 올라온 사람들이 학교를 중심으로 정착하는 달동네 같은 곳이었다. 부촌이 아니었다는 말이다. 골목이 좁고 길도 거칠어서 살기 편한 곳이 아니었다. 그런데 지난 20년 사이에 이 동네에 교회가 엄청나게 많이 늘었다. 내가 그 중에 어느 교회의 초대를 받았는데, 그 주소지에 교회가 몇 개나 있어서 어느 교회인지 분간하지 못한 적이 있었다.

이 일을 가능하게 한 것이 놀랍게도 우리 학교였다. 언약학교를 통해 이 지역의 복음화율이 올라간 것이다. 그렇게 된 데는 긍정적인 시너지(synergy) 작용과 효과가 있었다.

네팔의 교회들은 대개 호스텔을 운영한다. 일부는 여행객을 위한 것일 수 있지만, 대부분은 시골에서 온 학생들을 위탁받아 부모 대신 돌보면서 학교에 보내는 일종의 하숙집이다. 학교와 멀어지면 교통비도 들고 여러 면에서 좋지 않기 때문이다. 외국 사람과 결연을 맺어 학비와 기타 비용을 지원받기도 한다. 그러다 보니 자연스럽게 학교 주변에 교회가 생기는 선순환이 일어났다. 그에 따라 지역의 기독교인도 늘어나는 결과가 생긴 것이다. 그 결과 우리 학교가 마치 곁가지처럼 맺은 열매로 지역 복음화에 기여했다는 것을 알게 됐다. 네팔에서 기독교 학교를 세운 것이 현지 복음화에 큰 영향을 끼치는 걸 보게 된 것이다.

지진 기억 취환법

2015년 4월 25일, 카트만두가 무너졌다. 지진이었다. 네팔에는 역사적으로 80년 주기로 지진이 일어났다는 연구 결과가 있다. 80년 전에도 지진이 있었는데, 정말 약 80년만에 지진이 일어났던 것이다.

내가 네팔에 들어왔을 때, 선교사 오리엔테이션에서 지진 대피 행동 요령을 가르쳤다. 과학자들의 주장에 따르면 네팔에서 지진이 일어난 지 80년이 되어가므로 또 지진이 일어날지 모를 상황이었기 때문이다. 지진이 났을 때를 대비해 가방 하나만 가지고 집을 나가도 되게끔 준비해두라는 말도 들었다. 그런 말을 들었을 때, 꼭 저렇게 해야 하나 싶었다. 그런데 주일예배를 드리고 있던 그날, 강도 8.4의 지진이 왔다.

지진이 일어나던 무렵만 해도 카트만두 시내에 철근으로 지어진 건물이 많지 않았다. 대부분의 건물은 나무와 진흙으로, 잘해야 벽돌로 쌓은 것이다. 그런 건물들이 무너지고 땅이 파도처럼 출렁거리는 걸 볼 수 있었다.

우리 가족은 그 뒤로 며칠을 바깥에서 자야 했다. 여진이 올 경우 또 언제 집이 무너질지 모를 일이었기 때문이다. 초기엔 자는 중에라도 지진이 왔다 싶으면 어디든 공터가 있는 곳으로 아이들을 깨워 데리고 나갔다.

다행히 주변 지인들 중에 다치거나 피해를 입은 사람은 없었다. 하지만 어른들에게 지진은 트라우마가 됐다. 우리는 비행기를 탈 때 흔들리는 걸 느끼면 긴장하고 놀라게 된다. 하지만 우리 아이들에겐 지진 시절이 좋은(?) 추억으로 남아 있다. 그 이유는, 우리 아이들이 '기억 치환법'이라는 실험을 경험했기 때문이다. 실제 상황과 다른 느낌을 기억하도록 한 것이다.

당시 선교부는 우리에게 지진 복구를 위해 필요한 데 쓰라고

500불을 지원했다. 우리는 그 돈으로 매일 새로운 장난감을 아이들에게 사주었다. 하루 종일, 밤낮으로 마당 같은 데서 살아야 했으므로 아이들이 무료했는데, 레고 같은 장난감을 사주니 그걸로 종일 노는 것은 일도 아니었다.

여진이 느껴지거나 위험을 피해 공터로 가야 할 때는 장난감부터 챙겼다. 집에서 자지 못하고 야외에서 텐트를 치고 잘 때도, 그 안에서 원 없이 장난감을 가지고 놀았다. 그 덕분에 우리 아이들은 지진에 대한 트라우마가 없다. 오히려 그 시절이 아이들 인생에서 가장 재미있었다고 기억한다. 심지어 조카 이서는 지진이 또 왔으면 좋겠다는 말까지 한다. 그때는 온 가족이 한데 모여 있었고, 학교 안 가고 공부도 안 했기 때문이다. 노는 게 제일 좋을 나이였는데 오죽했을까. 사실 아내와 나는 긴장과 근심이 가득했지만, 천진난만한 아이들과 놀아주는 동안에는 지진의 두려움도 가라앉는 것 같았다.

너는 네 가족을 돌보라

학교 건물은 일부 금이 간 것 말고는 다행히 잘 견뎌주었다. 다만 담벼락은 무너져서 다시 세워야 했다. 그런데 대나무로 세웠던 교사는 그 와중에도 전혀 흔들림 없이 버텨주었다. 안전하다는 게 소문나서 동네 주민들의 지진 대피소로 쓰였을 정도였다.

내가 적은 돈으로 아이들의 공간을 어떻게 지어줄까 고민하다가, 마침 단기선교차 와 있던 한국 청년들과 함께 재료비가 싼 대나무를 이용해 지은 것인데, 그것이 오히려 더 튼튼하고 요긴하게 쓰일 줄 몰랐다.

내가 지진의 난리 가운데 학교에 신경을 덜 쓰고 가족에게 더 신경 쓸 수 있었던 것은 교장선생님과 교감선생님 등 교직원들 덕분이다. 그들이 학교 전체의 모든 일을 관리했기 때문이다. 평소에도 존재감이 없던 나였기 때문에, 지진이 일어나서 생긴 모든 문제를 교장선생님이 알아서 결정하고 그들 스스로 운영했던 것이다. 내가 나서서 결정하거나 명령할 일이 별로 없었다. 나에게는 오히려 이렇게 말했다.

"너는 네 가족을 돌봐라. 너는 외국인이다."

덕분에 나는 지진이 일으킨 학교 문제 자체를 수습하는 부담을 전혀 느끼지 않을 수 있었다. 이런 점은 내가 현지인들을 존경할 수밖에 없는 모습이다. 나는 그 대신에, 외부에 상황을 보고하고 재건축에 필요한 자금을 모금하는 등 이사장으로서 해야 할 일에 집중할 수 있었다. 가족과 함께 있으면서 아이들을 돌볼 수도 있었다.

19

코로나 기간의 고통과 교훈

코로나 기간에 네팔의 학교들이 받은 타격은 컸다. 코로나 초기 1년간 아무도 돌아다니지 못하게 하는 '록다운'(lock down)이 네팔에 선포되면서 특히 어려운 시간을 보냈다. 학생들이 온라인 교육을 받으면서 돈은 내지 않았기 때문이다.

네팔의 정책은 학생이 학교에 나오지 않으면 등록금을 내지 않아도 된다. 부모들도 코로나 기간이라 등록금을 내러 나갈 수 없고, 아이들이 학교에 나가지 않는데 무슨 돈을 낼 필요가 있느냐고 생각했다. 부유한 학교들은 사정이 달랐겠지만, 우리 같은 작은 학교는 아무 요구를 할 수 없었다. 그러다 보니 교사들은 어려움이 더 컸다.

교사들은 고통을 분담하기 시작했다. 월급의 70퍼센트에서 50퍼센트만 받으면서 견뎠다. 그건 내가 줄인 것이 아니었다. 그러는 사이에, 알지도 못했던 곳에서 후원금이 들어오기도 했다. 정말 숨이 넘어갈 것 같은 상황에서 재정이 채워지는 걸 경험하는 기간이었다. 그렇게 1년을 버텼다.

코로나 때 느낀 온라인 교육의 맹점

학생들이 학교에 나올 수 없게 되자, 강의와 학교의 모든 운영방식을 바꾸는 일에서도 교사들의 자율적인 변화와 실행이 돋보였다. 나는 그저 초기에 온라인 수업을 위한 줌 프로그램 설치와 사용 방법 교육이라든지 기본적인 것만 세팅하도록 도왔을 뿐이다. 이후에 강의 녹화 영상을 유튜브에 업로드하는 일은 교사들이 직접 해냈다. 돈이 없어서 복잡한 컴퓨터 장비를 살 수 없는 교사들에게는 스마트폰을 이용해 강의를 녹화하고 유튜브에 업로드하는 방법을 사용하도록 안내했다. 그런데 네팔 사람들은 대개 줌 프로그램을 선호했다.

네팔에서 줌을 통해 이루어진 교육은 교실에서 하던 교육 형태와 패턴이 유사하다. 앞부분에서 교사가 설명하고 학생들에게 과제를 준다. 과제가 끝나면 학생들에게 이해했는지 물어보고, 학생들이 문제를 풀고 교사가 검사하는 형태로 진행됐다. 여전히 교육의 주체는 선생이고, 학생들은 온라인상에서도 화면에 보이는 내용을 판서하고 질문하는 수동적 형태였다. 교실에서 하던 일을 단순히 온라인 상으로 이동하기만 했을 뿐이다.

네팔에서 코로나 기간에 행해진 온라인 교육은 결과적으로 볼 때 교실 안에서 이루어지던 교육과 별반 다를 바가 없었다. 단순히 학생과 교사가 교실이라는 장소에서 온라인이라는 사이

버 공간으로 이동했을 뿐, 수업하는 방식이나 교육철학은 변한 것이 거의 없었다.

온라인 교육에서 가장 중요한 핵심 과제를 두 가지 들자면 첫째는 소통이고 둘째는 지식의 공유화이다. 그런데 온라인에서 수업은 하고 있지만 수업의 주체는 여전히 선생님이고 학생들은 수동적으로 선생님의 지시사항을 따르기만 하는 거라면, 온라인 교육의 참된 의미는 결코 살릴 수 없다. 온라인 교육의 이런 맹점을 짚고 넘어가지 않는다면, 온라인 교육은 그저 비싼 IT 기계와 인터넷을 사용할 뿐, 비싼 학교들만의 전유물이 될 수밖에 없을 것이다. 이런 걸 보면, 단순히 플랫폼을 전환하는 것은

교사 진실로
2022년 12월에 초등학교
수업을 진행하는 모습.

교육에서 별 의미가 없다. 그러다 보니 네팔에서도 대부분의 학부모와 교사들은 온라인 수업이 별 효과가 없다고 보고, 코로나가 속히 종식돼 학교가 열릴 날을 손꼽아 기다렸다.

변화와 혁신의 변곡점

학교 문을 열기를 바란 것은 사실 학교 관계자들이 더 절박했다. 네팔 정부가 온라인 교육을 하는 사립학교들에게 수업비를 청구할 수 없도록 정책을 구사한 것이 자연스럽게 사립학교를 사멸시키는 정책이 되고 있었기 때문이다. 게다가, 온라인 교육이 학교의 이미지를 좌우하는 것이 되기도 해서 문제였다.

코로나 기간에 온라인 수업을 하면서 네팔 내에서도 다양한 의견이 속출했는데, 그중 학교에 가장 큰 영향력을 끼친 문제는 교육 방법이 줌이 되어버리면서, 줌으로 수업하지 않으면 트렌드를 따라가지 못하는 학교, 즉 좋은 학교가 아니라는 프레임이 생길 수 있다는 것이었다.

'코비드19' 이후 네팔은 한국에 비해 비교적 빨리 록다운이 느슨해지긴 했어도 학교들이 교실을 바로 열지 못한 건 마찬가지였다. 코로나가 시작되면서 네팔의 큰 학교들이나 '프리미엄 스쿨'들은 재빨리 줌으로 수업을 전환하기 시작했다. 하지만 우리같이 작은 학교들이나 정부의 공립 학교들은 줌을 통해 수업을 시작하는 데 상당한 시간이 걸렸다.

그 무렵 네팔 교육부는 한국의 EBS(교육방송)처럼 텔레비전에서 선생님이 수업을 하는 형태를 제시하기 시작했다. 코로나가 발생기기 7,8년 전, 네팔에서 교육방송 설립과 관련한 프로젝트 코디네이터로서 네팔 국립대학교 총장과 교육 전문가들이 모여 이야기를 나눈 적이 있었다. 하지만 그때는 무산되고 말았다. 그러나 네팔 정부는 코로나 기간에 EBS 형태의 교육방송을 외주를 주면서까지 서둘렀다. 보통 20년 넘게 걸릴 일이 환경의 변화로 인해 강제적인 변화를 일으키는 것을 보게 되었다.

좌우간 코비드 이후로 네팔 교육계는 큰 변환점을 맞이하였다. 그 변화를 타고 혁신을 이루지 못한다면, 생각보다 중요한 변곡점을 맞이하게 될 것이라는 우려가 컸다.

아직 소명이 있으면

코로나 기간이 너무 어려워, 내가 다닌 한동대학교가 어려웠던 설립 초기의 시절이 생각났다. 돈이 부족해 교수님들이 월급을 제대로 받지 못하기도 하셨다고 들었다. 하지만 하나님이 채워 주시는 걸 경험하기도 했다. 그건 언약학교도 마찬가지였다.

교장선생님은 늘 스트레스가 가득했는데, 나는 학교 행정에서 거리를 두고 있는 입장이어서 상대적으로 스트레스가 적었다. 나는 '아직 소명이 있으면 하나님이 버리실 일은 없다'라는 믿음과 과거의 경험을 의지하며 '누군가는 도와주시겠지' 하고 기대했다. 그러면 정말 거짓말처럼 그 어려운 코로나 기간임에도 불구하고 여러 도움의 손길이 이어졌다. 그 전엔 알지도 못한 분들이 돕기도 하셨다.

2020년 7월, 코로나로 아이들이 학교를 비운 지 4달째가 되어가고 있을 때였다. 학교 운동장에 있던 복숭아나무 열매가 익어서 땅에 떨어지기 시작했다. 복숭아 열매가 익는 것을 그때까지 본 적이 한 번도 없었다. 아이들이 익기도 전에 다 따먹었기 때문이다. 풋 익은 복숭아를 먹으면 시기도 하지만, 그걸 먹으면 설사를 하는데도 앞다투어 복숭아를 먹어버렸다. 몇 번을 말하고 말해도, 배가 고픈 아이들이 지금 저걸 안 먹으면 다른 누군가가 먹을지도 모른다는 두려움과, 이거라도 먹어서 배를 채워야겠다는 생각에 경쟁적으로 먹어 치운 것이다.

풋 익은 복숭아를 먹는 녀석들을 보면서, 아이들이 배부르게 먹을 수 있는 음식과 식당을 만들고자 네팔에서 오랜 기간 음식을 연구했었다. 너무 익어서 땅에 떨어져 버린 복숭아를 보고 있자니 나무 위에 올라가서 복숭아나무를 흔드는 아이들이 그리워졌다.

누가 만족할 일인가?

2020년 9월, 코로나 사태로 학교 운영이 쉽지 않았을 때, 몇 달 동안 교사들에게 온라인 교실을 열도록 가르치고 있었다. 그 와 중에 S국의 교회 집사이면서 그 나라에서 좋은 학교의 교장으로 일하는 R이 연락을 해왔다. 예전에 그와 협력해서 네팔에 기독 교 학교를 세우는 프로젝트를 진행했던 적이 있었다. 이번 코로 나 사태로 자신들이 우리를 돕고 싶다고 교장선생님에게 연락 해왔고, 그곳의 IT 책임자가 우리 선생님들을 교육하겠다고 해 서 줌으로 온라인 강의를 했다. 나도 강의를 참관해달라고 부탁 해왔기에 그걸 보았는데, 목에 걸려 넘어가지 않는 것들이 몇 가 지 있었다.

첫째, 가난한 나라에서 가난한 상태를 살아본 적이 없는 사람 들이 가질 수 있는 고정관념이 그들에게 있는 것 같았다. 그들은 구글 온라인 수업에서 계정을 가지기 위해서는 학교 도메인이 필요하다고 가르쳤는데, 그 도메인이 네팔 같은 나라에서는 모 든 학교가 가질 수 있는 것이 아니다. 교육부와 협의해 여러 가 지 복잡한 과정을 거쳐야만 가질 수 있다는 사실을 외부인이 알 수 없다. 외국에서는 당연한 것이 준비가 안 되어 있는 이 나라 의 상황에 대해 외부인이 예측할 수 없는 것은 당연하지만, 그런 곳이 바로 네팔 같은 제3세계라는 사실 역시 간과해선 안 될 것이다.

둘째, 가르침을 받는 사람들이 기본적으로 뭐가 뭔지를 잘 모르는 상태라는 걸 그들이 모르는 것 같았다. 가르치는 사람이 무언가를 공급하는 입장이라는 관점으로 시작하는 온라인 클래스라면, 최첨단이라는 온라인 플랫폼을 사용하더라도 가르치는 내용과 방식은 구시대의 산물을 벗어나지 못한다.

제3세계에서 사는 사람들에게 무언가를 가르치려 할 때 배우는 사람이 아무것도 모르는 상황이라면, 외부 입장에서 아무리 그들을 가르친다고 해도, 그런 도움은 가르치는 이들의 만족과 평가가 중심이 될 수밖에 없다. 브라질의 교육학자인 프레이리 (Paulo Freire)의 말처럼 '그들이 무엇을 모르는지'에서 시작하는 것이 아닌, '그들이 무엇을 이미 가지고 있는지'에서 시작하는 가르침이 비평적 교육철학의 첫걸음이 될 수 있을 것이다.

아무튼 그 교육이 끝나고 나서 무언가 찜찜한 기분을 지울 수 없었다. 저들이 생각하는 선교와 돕는 방식이 목구멍에서 잘 넘어가지 않았다. 문득 몇 년 전에 그들과 동역하려고 몇 달 동안 회의를 했던 기억이 났다. 첫 만남 때 했던 작업은 학교의 재무재표와 수익구조 개선안을 통해 미래의 청사진을 그리는 일이었다. 몇 시간이 걸린 회의는 내가 기업컨설팅을 받는 건지 선교를 하는 건지 혼란스럽게 했다.

선교인가 경영인가

그들에게 선교는 곧 사업이 잘되는 것이고, 학교라는 사업이 잘되기 위해서는 프리미엄 기독교 학교가 되어서 돈 많이 벌고 시설 좋은 학교가 되는 것이다. 그러기 위해서는 좋은 선생님과 좋은 환경이 준비되어야 하는 것이었다. 학교가 잘되어서 많은 사람들이 이곳에서 배우고 성공하여, 그 결과로 자신들이 사는 나라처럼 이 나라도 잘사는 나라가 된다는 것이 기본적인 그들의 논리였다.

그러기 위해 그들이 제안한 첫 번째 아이디어는 인센티브 월급 제도를 통한 능력있는 인재 영입이었다. 두 번째 아이디어는 '현재의 현지인 리더십'을 교체하는 것이었다. 사업적으로 보자면 반박할 여지가 없지만, 선교적으로 보자면 전혀 동의할 수 없는 접근 방식이라고 생각했다.

이때껏 해온 외국 사람들과의 수많은 콜라보레이션을 보면, 이런 부분에서 접근하는 방식은 거의 동일했다. 그건 선교라기보다 경영이었다. 깊어지는 고민과 함께 수많은 제안을 거절했고, 우리는 계속해서 그저 가난하고 작은 학교가 되었다.

20

다른 점보다 비슷한 점부터 찾기

내가 대학생일 때 해마다 '선교한국'이 열리고 있었다. 청년대학생을 선교로 부르는 모빌라이제이션(mobilization) 운동이 선교한국인데, 그것을 통해 나 같은 선교사 지망생이 많이 배출된 건 사실이고 감사한 일이다.

그 무렵에 들은 기라성 같은 선교사님들의 간증은 '드라마틱한 하나님의 부르심'에 의해 선교사가 되었다는 것이다. 하지만 내 인생에는 그런 것이 전혀 없었다. 하나님께서는 다양한 방법으로 이런 사람도 부르고 저런 사람도 부르시는데, 나는 그런 사람이 아니었다.

쥐를 잡지 못하면 무슨 소용인가?

대학생 시절에는 단기선교를 다니기도 하고 책으로 선교와 전공에 대한 공부만 열심히 했다. 나름대로 공부는 잘한다고 생각하고 이론에는 자신이 있었다.

4학년이 되자 실험 실습 과목을 몰아서 들었다. 그런데 실험 실에서 필요한 재능은 책이 설명한 이론이 아니었다. 쥐를 잘 죽이는 것이었다. 교과서가 가르친 건 쥐의 세포를 실험하는 방법과 그렇게 하는 이유에 관한 것인데, 그러자면 먼저 쥐를 죽여야 했다. 교실에서 학생 전체가 하루에 600마리를 죽이는 날도 있었는데, 나는 한 마리도 죽일 수 없었다. 이론과 현장은 다른 것이었다. 특히 내게는 분리돼 있었다.

나는 나를 묵상했다. 내가 선교사가 되고 싶은 마음이 있어서 선교에 대해 공부하고, 만약 의사나 교수가 되어서 선교지에 나갔는데 쥐를 잡지 못하는 것과 같은 상황을 닥치면 어떻게 할까?

현장은 쥐의 배를 매스로 가르기부터 해야 하는 곳이다. 교과서의 해부 방법을 읽었다고 해서, 내가 매스를 들고 쥐의 배를 가를 수 있는 사람이 된다는 보장은 없다. 나는 생물학을 좋아하지만, '실제로 쥐를 잡지 못하는 사람이라면 쥐 잡는 법을 아무리 공부한들 무슨 소용이 있는가'라는 생각을 했다. 마찬가지로 내가 선교사가 되고 싶지만, 선교지에서 과연 선교사일 수 있는지는 가서 살아보기 전엔 알 수 없었다.

내가 쥐를 잡지 못하는 사람이라는 걸 알게 되면서 '전공을 바꿔야 하는가' 하는 고민을 잠시 한 적이 있다. 생명공학 실습 시간에 쥐를 잡지 못하는 나를 발견하는 것처럼, 만일 내가 선교사가 될 수 없는 사람이라는 것을 선교지에서 알게 된다면 어떻게 할 것인가?

그렇다면 거꾸로, 일단 선교 현장에 먼저 가서 그곳에 필요한 것이 무엇인지 발견하고, 그런 다음에 공부하고 준비해도 늦지 않겠다는 생각이 들었다. 현장을 모르면서 기적적이고 드라마틱한 이야기에만 매료될 것이 아니라, 내가 직접 현실을 부딪혀 보고 나만의 이야기를 써나갈 수 있어야 한다는 생각도 했다.

교육학에서 교사들에게 하는 이야기 중에도 비슷한 것이 있다. 텍스트(교재)에서 배운 것을 교실이라는 콘텍스트(현장)에서 쓰려고 하면, 현장이 전혀 달라서 맞지 않을 수 있다는 것이다. 선교 이론도 선교지에서 마찬가지일 수 있겠다 싶었다. 그건 선교의 이론과 실제라는 측면에서 모든 선교사에게 적용되는 문제이기도 하고, 사람마다 다른 특징 때문에도 그럴 것이다.

내가 선교회 사무국에서 사무국장님의 장기선교사 지원 제안을 받고 덜컥 그러겠노라고 대답한 것도 사실은 그런 생각이 숨어 있었기 때문이었다. 물론 파송받기 전에 필요한 훈련은 받아야 하지만, 학생 때처럼 단기선교를 통해 준비와 모색을 더 하고, 가급적 완벽한 준비를 갖춘 다음 선교사가 되는 것이 반드시 답은 아닐 수 있다는 생각이 들어서였다. 제안을 거절하지 못하는 내 성격도 물론 한몫을 했지만.

차이점보다 공통점부터

내가 선교사가 되기로 지망했던 밀레니엄 전후 시대는 새 시대를 대망하면서 이른바 선교 2.0 시대를 표방했다. 그때의 특이점은 나와 같은 평신도 선교사가 많이 나온 것이다. 그와 더불어 선교로서의 비즈니스(Business As Mission : BAM)가 태동되는 시기이기도 했던 것 같다. 내가 네팔에 와서 하는 사역과 관심사도 그것과 무관하지 않다.

평신도 선교사가 많이 나오다 보니 바로 등장한 이슈도 있었다. 그것은 평신도 선교사들이 1기 사역을 마치고 안식년을 맞아 국내에 돌아오면 대개 신학을 한다는 것이었다. 현지에 가서 보니 신학을 하지 않으면 사역하기가 어렵다고 느끼기 때문이다. 거기에는 말씀을 받는 자, 즉 현지인은 평신도라는 개념이 우선 있다. 그리고 전하는 자, 즉 선교사는 목회자가 되어야 한다는 '다름'의 개념이 전제돼 있다. 선교를 목회와 동일시하는 문제도 생긴다.

내가 교회에서 청년부 시절에 선교사가 되겠다는 말을 했을 때, 만나는 사람 열이면 열이 다 하는 같은 말이 "그냥 선교지에 가면 안 된다. 신학을 공부하고 교회 사역 경험을 쌓아서, 교회를 어떻게 하는지 배우고 나가야 한다"는 것이었다. 쉽게 말해 선교는 교회를 세우는 것이고, 그러자면 목사부터 되어야 한다는 조언이었다. 그 이야기는 내게, 쥐를 해부하려면 해부학 책을 더 자세히 보아야 한다는 말과 비슷하게 들렸다.

나는 해외선교에 대해 배울 때, 우리가 살아온 곳과 다른 공간, 우리와 다른 문화, 그래서 전혀 다른 사람들에게 다가가는 이야기라고 배웠다. 선교 현장이 우리와 같을 수 없는 건 당연하다. 그래서 다른 점부터 찾고 이해하려는 노력이 필요해진다.

하지만 나는 다른 방식으로 접근하고 싶었다. 그들과 내가 얼마나 다른지가 아니라, 다른 건 당연하므로, 반대로 얼마나 비슷한지에 대해 주목했다. 차이점보다 공통점부터 찾기 시작한 것이다. 그건 내가 네팔에 올 때 목사가 아니라 평신도였고, 그것도 20대 청년이어서 그럴 수 있었을 것이다. 그것은 자연스럽게, 내게 선교에 대한 새로운 관점을 갖게 해주었다. 선교지와 선교사 사이에 다른 부분부터 찾기보다 같은 부분, 즉 공통점을 미리 찾으면, 그들과 내가 얼마나 다르냐는 관점으로 접근할 때보다 훨씬 빠르게 현지인과 연결되고 결속될 수 있다는 사실이었다.

서구의 선교전략은 아이러니하게도 제국주의와 동반된 부분이 많다. 크리스텐덤(Christendom)으로 불리는, 이른바 교회와 국가를 동일시하던 중세 시대의 선교와 교회 패러다임이 근대에 이르기까지 작동했기 때문이다. 실제로 중세 이후 서구의 선교사들은 제국주의 서방국가의 무역선이나 노예선을 타야만 했다. 19세기에 평양 대동강 강가에서 순교한 토마스 선교사가 타고 온 배도 사실은 그런 배였다.

비슷하게 보고 접근하는 시대

제국주의적 선교는 세계대전 기간에도 계속되고 있었다. 미국만 해도 일본을 물리치고 점령한 동남아시아 국가에서, 전쟁이 끝난 후 군목이 본국에 돌아가지 않고 현지의 선교사로 남은 경우가 많았다. 그런 역사의 명암 중에서, 무엇이 옳았다고 쉽게 규정할 수는 없다.

한국도 해방과 전쟁 이후에 경제적으로 부흥하면서 교회 또한 부흥기를 겪었다. 그 부흥의 여파가 바로 세계에서 미국 다음으로 많은 선교사를 보낸 나라가 된 것이다. 그 부흥의 촛대가 중국과 제3세계로 옮겨간 지가 사실 오래됐다. 그런데 문제는, 한국교회의 선교가 과거에 그랬듯, 제3세계의 선교 역시 과거에 배웠던 제국주의적 선교 패러다임과 크게 다르지 않다는 점이다. 우리 한국 선교가 했던 실수를 동일하게 하는 경우도 본다. 한국 선교사들이 좌충우돌하면서 실수했던 것, 거기서 나온 교훈으로서 현지화와 토착화를 그들도 말하고, 선교의 마무리로서 현지인에 대한 이양 이야기가 나오는 프로세스가 반복되고 있는 것이다.

이 시대의 선교사로서, 그런 길을 걸어온 한국교회의 선교는 어떤 역할을 감당해야 할지 고민해야 한다는 생각을 했다.

서구의 제국주의적 선교를 따르는 게 아니어야 한다는 답은 명확하다. 그러므로 무조건 다르다고 전제하고 접근하는 시대는 더 이상 아닌 것 같다. 대상을 바꾸는 것을 목표로 삼는 선교가 아니라, 현지인과 복음을 전하는 선교사가 얼마나 비슷한 점이 있는지부터 찾아내, 결국 그들로부터 스스로 복음이 꽃을 피우게 돕는 새로운 선교 2.0의 시대가 이미 와 있기 때문이다. 이런 시대에, 나는 한국 선교가 새로운 선교를 위한 가교 역할을 할 수 있을 거라고 생각한다.

그런 점에서, 내가 생각하는 한국 선교사로서 사명은 기존의 제국주의적 선교 패러다임이 아닌, 새롭고도 본질적인 선교 패러다임을 고민하는 것이다. 그리하여 제3세계 교회가 여전히 과거의 패러다임으로 선교에 접근하는 경우가 있다면, 시행착오를 하지 않도록 돕는 것이다. 서구인이 아닌 동양인의 눈을 가진 우리가, 가난했던 시절을 알고 있는 우리가, 우리와 비슷한 제3세계 나라들과 비슷한 눈높이로 선교를 보고 해석할 수 있기 때문이다.

그렇게 할 수 있는 패러다임이 바로 앞에서 말한 바와 같이, 선교지에서 다른 것을 찾는 것이 아니라 비슷한 점을 찾아내, 거기서 새로운 것을 만들어낸다는 개념이다. 이 개념은 새로운 의

약품 개발 개념과 의약품의 작동 방식을 참고해서 생각해본 것이다.

약의 기능적 종류 두 가지

약에는 기능적으로 두 가지 종류가 있다. 하나는 원하지 않는 부분, 즉 질병이 생긴 곳을 박멸하게끔 약이 무기가 되게 하는 것이다. 약을 주사기로 주입하여 병원균을 죽이는 전통적 접근이 그것이다. 항암제가 대표적인 예라고 할 수 있겠다. 내가 보기에 서구의 제국주의 선교 방식이 그런 것 같았다. 선교 현장에 안 좋아 보이는 문화가 있다고 보이면, 그걸 잘라내고 서구의 문화를 집어넣는 것이다. 그래서 '우리처럼 돼!'라고 하는 것이었다.

상대에게 무엇을 주입한다는 것은 본질적으로 그 상대가 우리와 다르고 불편하기 때문에 나온 방식이다. 그래서 마음에 안 드는 것은 없애고, 고쳐서 변화시키겠다는 것이다.

사람은 자기와 다르고 불편한 것은 전부 거부하려는 경향이 있다. 그러면서도, 상대에게서 내게 필요한 것이 있으면 과감히 쟁취하였다. 그것이 제국주의의 모습이었고 DNA 조작 방법과 비슷했다. DNA 연결 고리 중에 특정 부위를 잘라내고 자기가 원하는 DNA를 대신 넣는 것이다. 선교에서 제국주의적인 특징이 바로 DNA 조작 방법과 유사했다. 선교사에게 좋지 않아 보이는 문화가 현지인에게 보이면 잘라버리고, 그 속에 선교사가 살아온 나라의 문화를 집어넣어 변화시키려 했다. 현지인에게 우리처럼 되라고 강요한 것이다. 그것이 소위 복음화된 것이라고 본국에 보고되기도 했다.

그런데 약의 기능적 특징 중에 또 다른 하나는, 최근 코로나19를 거치면서 사람들에게 알려진 '들러붙는'(attached) 방식이다. 앞에서도 언급한 모더나 백신이 그 예이다. 이것은 주입하여 싸우게끔 하는 것이 아니다. 특정 세포에 침투해 박멸 작업을 하는 것이 아니라, 몸이 스스로 견뎌내고 나쁜 세포를 이겨낼 무엇을 생산해내도록 돕는 방식이다. 대상에게 들어가긴 하지만, 다른 것이 들어가는 것이 아니라 같거나 비슷한 것이 들어가, 세포에 들러붙어 대안을 찾는 방식이다. 이 원리가 우리가 새롭게 도전해볼 만한 새로운 선교 방식이 될 수 있을 것이다.

이 방식은 선교 현장에 하나님이 예비해놓으신 선한 것이 분명히 있을 거라고 믿는 데서 출발한다. 그들에게 그런 것이 발견되면, 그것을 복음을 통해 계속 발전시켜서 더 아름다운 것을 만들어낼 수 있게 돕는 것이다.

이것이 내가 앞에서 말한 대로, 현지인에게 주입하는 방식이 아니라 비슷한 점을 먼저 찾아내고, 그들 스스로 복음과 문화의 변혁을 생각해낼 수 있게 한다는 원리이다. 이것이 또한 요즘 시대의 선교가 도전해야 할 선교 2.0 시대의 새 방식일 것이다. 현지인에게 마음에 안 드는 모습이 보이더라도 참아주고, 그들에게서 우리와 비슷한 점이나 더 좋은 문화를 찾아내는 것이다.

나는 이와 같은 새로운 선교 패러다임에 대해, 20여년 전 선교 훈련을 받으면서부터 고민하기 시작했다. 그 고민은 현장에 나오자 곧 현실이 됐다. 제국주의적 선교학은 점점 현장과 유리되는 느낌이었다. 그래서 '이건 아닌데' 하고 생각하는 사람이 많았다. 하지만 현장은 일이 되게 해야 하는 곳이다. 선교사도 실적을 내야 한다는 점에서는 하등 다를 게 없다.

일이 되게 하려면 회사에서는 직원을 '쪼아야' 하듯이, 현지에서는 현지인을 바꾸는 시도를 할 수밖에 없게 된다. 결국 사역의 성과를 내야 한다는 압박감 속에서 어쩔 수 없이 쉽고 편하고, 현지인보다 우리에게 맞는 방식을 선택하게 되는 것이다. 그래서 할 수만 있다면 빠르고 똑똑한 현지인을 선호한다. 그렇다면 이건 어쩌면 선교의 본질적 관점에서는 모순이 아닐까?

능동적인 비공격성

파송자와 선교사의 관점에서는 현지인에게 구체적인 영적 변화가 일어났다는 증거를 그들의 문화가 바뀐 것에서 찾기 쉽다. 그들의 전통적인 삶과 문화에서 복음과 만날 수 있는 부분이 어떻게 나타났는지는 중요하지 않다. 모이는 숫자와 지어지는 교회 건물의 외관이 중요해진다. 변화의 결과를 보고해야 하기 때문이다.

지원 교회에 선교 보고를 하러 갔는데, 그럴싸한 성과가 없다면 난감해진다. 후원한 교회는 성과를 보기 원할 수밖에 없기 때문이다. 결국 그와 같은 전통적 선교 방식이 선교사에게 유혹이 되지 않을 수 없다.

나는 어려서 선교지에 온 다음, 학교에서도 아무 힘을 발휘하지 못하고 특별한 성과도 내지 못하고 있을 때 애가 탔다. '내가 지금 뭘 하고 있는 거지?' 하는 자괴감이 드는 까닭은 현지인의 반응 때문만은 솔직히 아니었다. 지금 하고 있는 이 방식이 과연 옳은 것인지, 내가 잘하고 있는 건지 답을 미리 볼 수 없어서 안타까웠다.

선교사의 삶에서 가장 고민이 되는 것이 바로 그런 부분이다. '내가 하고 있는 결정이 과연 맞나?' 하는 것이다. 선교사는 대개 단독으로 일하기 때문이다. 그래서 어떤 어려운 결정을 내릴 때는 수동적일 수밖에 없게 된다.

한편으로는 성공에 대한 압박감으로 사역할 때 공격적이 된다. 그러다 보니 결국 '수동적인 공격성'을 띠게 된다. 결정 방식은 수동적인데 행동 양상은 공격성을 가지는 것이다. 그러면서 속으로는 부족한 확신과 불확실한 미래 때문에 계속해서 고민하고 염려한다. 하나님께서 이렇게 저렇게 하는 방법을 일러주시고 성공하면 좋겠다고 생각한다. 그 방법과 경로를 찾아가고 싶은 것이다. 나는 그와 반대로 '능동적인 비공격성'을 가지고 행동하기로 했고, 오늘 여기까지 왔다.

21

괜찮아, 다 잘 될 거야

'선교사들을 위한 힐링캠프'에 다녀온 적이 있다. 많은 이들의 도움과 섬김으로 선교사들과 그 자녀들이 쉼과 회복을 느끼고 왔다.

수련회처럼 조별로 모임을 가졌는데, 비슷한 연령끼리 모으다 보니 내가 속한 그룹은 나이가 40에서 50대 초반 사이였다. 선교 경력은 대개 4-5년 정도이고 많아야 10년쯤 되는 분들이었다. 내 경력은 18년 차에 가까워지던 참이었다.

프로그램 도중에, 모임의 인도자가 참석한 선교사들에게 이런 질문을 했다.

"만약 지금 예수님이 당신 앞에 계시다면, 정말 듣고 싶은 말이 무엇입니까?"

다들 내게는 형님이나 누님이고 많으면 삼촌이나 이모뻘인 분들이 하는 답이 다 똑같아서, 나는 놀랐다.

"괜찮아, 너 잘하고 있어. 잘될 거야. 걱정하지 마."

내가 앉은 자리에서도, 옆자리에 앉은 선교사들도 듣고 싶어하는 말의 공통점은 이 세 가지였다.

'괜찮아, 잘하고 있어, 잘될 거야.'

그러니 걱정하지 않아도 된다는 격려를 듣고 싶은 거였다. 그건 바로, 내가 듣고 싶은 말이었다. 그런데, 또한 내가 종종 듣고 있던 말이기도 했다. 내가 하도 어린 선교사였기 때문이다. 나보다 나이가 많은 동료 선교사들은 의외로 이런 격려를 많이 듣지 못했다며 나를 부러워했다.

실패해도 괜찮아

나는 선교사로 파송받을 때, 소속 선교회에서 최연소였다. 게다가 언약학교의 설립 이사장이 돌아가시자, 돌아가시기 직전에 가 있던 나 외에는 그곳에 올 선교사가 따로 없었다. 그러다 보니 선교회에서는 워낙 큰 사역을 나에게 맡겨놓은 셈이 되었다. 그랬기 때문일까? 선배 선교사님들 중에 그 누구도 내게 압박하거나 부담을 주는 분이 없었다. 그저 이렇게 격려하실 뿐이었다.

"진 선교사, 잘하고 있어. 사역 말아먹어도 돼. 실패해도 괜찮아."

네팔에 간 지 3년 정도 지나 태국에서 열린 모임에 참가했을 때, 기라성같은 선배들이 나를 볼 때마다 이런 말을 해주셨다. 그러면서 할아버지와 할머니가 주머니에서 용돈 꺼내 주시듯,

100달러 지폐를 꺼내주시면서 "네팔 돌아갈 때 어묵이라도 사 가지고 가" 하시거나 "버거킹에서 햄버거라도 사들고 가"라고 내 주머니에 넣어주곤 하셨다. 연차가 30년 넘는 기라성같은 선배 선교사들이 이런 말을 해주실 때 힘이 됐는데, 이런 격려를 예수님에게 직접 듣는다면 기분이 어떨까?

나를 격려하신 분들은 또 이러셨다.

"일 그렇게 하는 거 아니라고 말할 사람 아무도 없을 거야. 다들 네가 잘하고 있다고 격려할 거야."

결국 나를 이렇게 키운 힘 중의 하나는 우리 선교단체의 공동체적 힘이었다고 생각한다.

아마도 나는 GP선교회에서 가장 오래 막내 선교사 자리를 지켜온 것 같다. 게다가 네팔은 선교사들에게도 고생하는 지역으로 소문나 있다. 거기에다, 선교사들 사이에서는 힘든 지역에서 일하는 선교사는 챙겨주는 분위기가 있다. 더구나 나는 가장 어리지 않았는가.

이후에도 나는 선배들에게 "잘하고 있어"라는 칭찬을 들으며 내가 하고 있는 일에 대한 불안감을 이겨냈던 것 같다. 그렇게 해서 18년의 세월이 지난 지금, 나는 베테랑에 가까운 선교사가 되어갈 수 있었다. 두려움 없이 결정할 수 있는 자유를 익히고 누리게 됐다.

나는 격려와 방임에 가까운 배려 가운데 남들이 하지 않았던 독특한 방법을 선택해볼 수도 있었다. 한동대학교 초기 졸업생으로서 가졌던 괴짜 정신도 한몫 했던 것 같고, GP라는 선교단체가 내게 보내준 신뢰가 자양분이 되었다.

우린 널 믿어 의심치 않아

나는 이제 나보다 젊은 30-40대 후배 선교사들에게도 괜찮다고 말해주려고 한다. 내가 그 말이 가장 듣고 싶었듯, 지금 그들도 그럴 것이기 때문이다.

힐링캠프에서 만난, 같은 테이블의 동료들에게 이런 말을 해주었다.

"이런 모임에서 나이 비슷한 사람과 동기들과 친한 사람과 이야기하는 것도 좋은데, 저쪽 앞자리에 머리 희끗한 선배님들 앞에 가서 인사하고 사역 이야기를 하면, 저 분들이 여러분이 듣고 싶어하는 그 말, '괜찮아, 잘하고 있어, 더 잘할 거야' 하는 말을 해주실 겁니다."

그리고 그 모임이 끝나는 날, 나는 가장 어려 보이는 두 가정을 찾아갔다. 예전에 선배들께서 나에게 해주신 것처럼, 쌈짓돈을 꺼내서 "밥 먹어"라며 전해주었다. 그 둘은 무척 당황해 하며 손사래를 쳤다. 딱 보아하니 아직 선교부에서 적응할 자리도 없고, 스스로에 대한 고민도 넘쳐 보였다. 그래서 나는 이렇게 말해주었다.

"괜찮아, 받아. 그저 나도 그대들 같은 나이일 때, 우리 선배들이 쌈짓돈 꺼내 주셔서 힘이 됐던 것처럼, 이제는 내가 그걸 그대들에게 넘겨주는 거야. 당신들, 잘하고 있어. 잘할 거야."

모임을 마치고 돌아가는 길에, 그들에게 미처 하지 못한 말이 남은 것 같은 아쉬움이 들었다. 말로는 충분히 격려한 것 같은데, 그래도 왠지 석연치 않은 기분이었다.

문득 그들에게 전해주고 싶은 노래가 생각나 유튜브를 검색했다. '슬기로운 의사생활'의 OST 중 하나인 '슈퍼스타'였다.

괜찮아 잘 될 거야 너에겐 눈부신 미래가 있어
괜찮아 잘 될 거야 우린 널 믿어 의심치 않아

화이팅! 고민하는 모든 그대들이여.

에필로그

제가 지난 세월에 겪은 일을 간증하거나 그 일에 대해 설교하면, 많은 분들이 "도대체 어떻게 그런 시간을 참아냈느냐?"고 물으십니다. 저는 참아낸 것이 아닙니다. 선교사역에 대한 새로운 정의를 내렸던 것입니다.

그것은 학교의 학생 수가 많아지고 커짐으로써 '결코 사라지지 않을 학교가 되는 것'이 제 선교의 성공이 아니라는 것이었습니다. 제가 사라져도, 언약학교가 사라져도 하나님이 원하시는 학교의 정신, 교실 안에서 진리로 학생들을 자유하게 하는 기독교사들의 고민은 계속되어 네팔 곳곳에서 숨쉬게 되는 것이었습니다.

바울이 소아시아에 세운 교회 건물을 지금은 찾아볼 수 없습니다. 그러나 바울이 목숨을 걸어서 지킨, 할례를 받지 않고 오직 믿음으로 그리스도인이 될 수 있다는 정신은 지금도 살아 숨쉬어, 우리는 할례 없이 그리스도인이 될 수 있습니다.

바울은 이방인을 자유하게 하여 아브라함의 자손이 되게 하였습니다. 지금 우리는 이 사건을 너무나 당연하게 받아들이지만, 베드로가 이방인인 고넬료에게 세례를 주고도 유대인 형제들을 두려워하여 이방인들과의 식사 자리에서 빠져나왔을 정도로 어려운 일이었습니다. 그 당시 문화에서 이방인들은 그런 존재였으며, 이방인에게 복음을 전하는 바울은 많은 유대인들의 공격 대상이 되었습니다.

세상이, 혹은 누군가가 우리에게 정해준 정의대로 사는 것은 진리로 자유하게 된 삶이라고 할 수 없습니다.

저는 그리스도를 믿음으로 얻은 자유로 인해 선교에 대해, 학교에 대해, 교사에 대해, 그리고 학생에 대해 새로운 정의를 내리고, 길이 없는 곳을 걸어갑니다.

길이 없는 곳을 걸어가는 일은 고통스럽습니다. 그러나 영원한 약속이 그 길을 통해 흘러갑니다.

진실로 감사합니다.

네팔 사람, 비샬 선생님의 간증 시

산속에 있는 작은 오두막,
사랑받고 싶었던 작은 아이,
친구들의 우정, 부모님의 사랑,
그 중에서도 항상 간절했던 아버지의 사랑

어머니는 사랑 주시지만,
소년이 원했던 건 아버지의 사랑.
한번이라도 힘껏 매달려보고 싶던 아버지의 팔,
그랬다면 터질 듯 충만했을 소년의 작은 마음.

차디찬 11월 어느 날,
햇살 내리는 모퉁이,
종알대며 모여 앉은 아이들,
저 멀리서 다가오는 두 명의 외국인,
젊은 열정 가득한 얼굴.

비행기도 차도 오지 않는 우리 마을,
하나님의 아들에 대해 들을 수 없는.

가방을 열어 친구 손에 쥐어준 책,
쓸모 없다 바닥에 던져진 그 책,
내가 주워 가져온 날,

나는 열어 읽고,
나는 열어 찾고,
하나님이 보내주신 메시지,
빛으로 다가온 마태복음 6장 25-27절.

어디로 가야 만나지려나,
아랫동네 윗동네,
예수 아는 사람 만나러 돌아다닌 온 동네.
처음 들어간 교회,
그 순간부터 예수는 나의 하나님!

예배 시간 사모하며,
교회 가기를 즐겨하며,
순종으로 그리스도를 섬기며,

진심 어린 봉사, 참된 말씀 예수,
예수 있는 인생, 영원한 생명!

내 모든 실수를 용서하시는 주님,
나의 매일 모든 순간에 함께 하시는 주님,
기도와 교제 가운데 날과 달이 지나가고,
그분과 멀어지면 눈물로 돌아오고.

실수가 많은 우리는 모두 죄인.
왜 예수의 이름으로 용서받기를 꺼리십니까?

하나님이 내게 주신 아내와 세 딸,
언약학교를 위한 나의 많은 시간들을 축복하시기를!

나는 아버지의 사랑을 찾다가 예수님을 찾았습니다.
사랑만이 아니라 진정한 구원을 얻었습니다.
평생 예수님의 사랑 안에서 살겠습니다.
내 인생이 끝날 때까지 충성할 것입니다.

_언약학교 초등부 교감 비샬 씀, 진실로 역

진실로 오시내 가족

후원계좌 하나은행 990090819034